AF619489

MONSEIGNEUR PUGINIER

UN

APOTRE FRANÇAIS

AU TONKIN

Mgr PUGINIER

PAR

C. D'ALLENJOYE

PARIS
TÉQUI, LIBRAIRE-ÉDITEUR
29, RUE TOURNON, 29

1896

MONSEIGNEUR PUGINIER

CHAPITRE PREMIER

Enfance et jeunesse de Mgr Puginier.

S'il est des jours qui mettent le ciel en liesse par la prévision des destinées reservées à l'enfant apparaissant sur la terre, de ce nombre dut être le 4 juillet 1835, date de la naissance de Mgr Paul-François Puginier, celui qui devait jouer, pendant plus d'un demi-siècle, un si grand et si glorieux rôle dans l'histoire de l'Eglise du Tonkin.

Les premiers apôtres du Christ étaient de pauvres pêcheurs, cette fois encore Dieu choisit son serviteur dans une famille d'humbles artisans qui avaient conservé vive et chaude la foi des anciens jours

Ils habitaient le gros bourg de Saïx, qui s'étage gracieusement sur une colline des derniers contreforts des Cévennes, dans le Tarn, et s'abritait à l'ombre des ruines d'un monastère de Chartreux disparus pendant la tourmente révolutionnaire.

Trois enfants grandissaient insouciants et joyeux au foyer paternel, et déjà le plus jeune, Paul-François, dans ses réflexions naïves, laissait apercevoir son désir du sacerdoce, lorsque l'ange de la mort passa, emportant avec lui la mère de famille.

L'orphelin comprit-il le malheur qui le frappait? Peut-être ; ce n'est pas chose rare de rencontrer dans l'âme de l'enfant l'intuition profonde du vide immense fait pour la vie entière à cette heure douloureuse. Au moins, pour sécher ses larmes et apaiser cette première grande souffrance, Paul retrouva dans le dévouement d'une tante, Mlle Bousquet, la protection et les soins maternels, si jamais ces choses saintes et douces se peuvent retrouver ailleurs que dans le cœur d'une mère.

Bientôt d'ailleurs, Dieu allait remplir son

âme par une de ces grâces de choix, privilège qu'il réserve aux plus aimés, en lui inspirant fortement le désir de se consacrer tout entier à lui.

Un jour, âgé de neuf ans, jouant aux boules avec un de ses camarades déjà séminariste, il s'écria :

« Oh que tu es heureux d'étudier pour être prêtre, je voudrais tant, à la fin des vacances, aller au séminaire avec toi.

— Il faut en parler à ton père.

— Oh! je n'ose pas, papa est trop pauvre, il n'y consentira jamais. »

Quelques jours après, l'enfant prit une grande résolution et, avec son camarade, se présenta au presbytère.

« Bonjour, Monsieur le Curé, fit-il en entrant, je viens vous prier de dire à papa de m'envoyer au séminaire. Je suis bien pauvre, mais si vous décidez papa, je vous porterai un panier de truffes[1]. »

Le curé sourit, et s'il trouva l'offre tentante, il ne le dit point, mais depuis quelque temps, il

1. *Vie de Mgr Puginier*, par E. Louvet, missionnaire apostolique, de la Société des Missions-Étrangères.

avait remarqué l'enfant, son intelligence et sa piété.

« Eh bien, mon petit Paul, fit-il, dis à ton papa de venir me parler. »

Un mois plus tard, Paul Puginier entrait au séminaire de Castres.

Là ses excellentes dispositions et son application à l'étude le firent distinguer par ses maîtres, tandis que son caractère franc, ardent et généreux lui concilia l'affection de ses camarades.

Il vécut ainsi quelques années pieux, studieux, faisant l'édification de tous.

A cette époque, il perdit son père, et sa tante redoubla de tendresse pour lui adoucir ce nouveau malheur, qui le laissait complètement orphelin.

Il touchait à l'adolescence, lorsque Dieu permit qu'il passât par l'épreuve de la tentation : la vie paisible qu'il avait désirée et aimée sembla lui être à charge, sa piété se voila sous un souffle d'indépendance.

Le ciel et la terre se disputèrent ce jeune cœur, lutte obscure bien souvent renouvelée sur les bancs des collèges, mais qui cette fois paraît plus émouvante, car elle avait pour enjeu non seulement le salut de l'enfant, mais la régénération d'un grand nombre d'âmes plongées dans les ombres du paganisme d'Extrême-Orient, et qui attendaient le futur missionnaire pour être ou n'être pas chrétiennes. Oh ! quelle grande chose que la formation d'un apôtre, et comme il est facile le soin jaloux qu'y apporte l'Église ; l'avenir du christianisme lui-même n'y est-il pas engagé? Heureusement Dieu veillait sur l'enfant, et l'enfant resta à lui.

La lutte finie, on vit la piété de Paul grandir rapidement, et dès lors on le trouva souvent prosterné pendant de longues heures devant le Saint-Sacrement, devant l'autel de Marie, là où Dieu entend le moindre soupir sincère et recueille toutes les larmes.

C'est aux pieds du tabernacle, qu'il entendit la voix douce et forte du divin Maître l'appelant sur la terre étrangère, à la conquête des âmes, c'est prosterné devant Jésus qu'il sentit comme tous les apôtres le désir de la mort sanglante et volontaire le mordre au cœur.

« Mourir pour Dieu, disait-il, quel bonheur! on va au ciel tout droit, et plus on vous fait souffrir, plus on a de chances d'expier ses péchés et de témoigner son amour à Dieu. »

Dans sa famille, on ne soupçonnait rien de ses projets, et le jeune homme les cachait avec d'autant plus de soin qu'il savait combien ce coup serait pénible au cœur des siens : « J'aime profondément mes parents, disait-il parfois à ses confidents ; mon départ les plongera dans la désolation, je ne puis y penser sans avoir le cœur brisé ! Mais Dieu m'appelle, sa volonté avant tout. »

Pourtant, malgré sa discrétion, il laissa échapper quelques mots, qui ne furent pas remarqués alors, mais qui étaient des indices assez significatifs des dispositions de son âme. Pendant les vacances, il aimait à lire aux siens les *Annales de la Propagation de la Foi*, à les entretenir des travaux des missionnaires. « Est-ce que tu voudrais faire comme eux? lui demanda un jour brusquement un de ses oncles. « Oh ! répondit en rougissant le jeune séminariste, il faut être appelé de Dieu; mais, vrai! je les trouve bien heureux[1]. »

Un autre jour, il amena de Castres à Saïx une jeune négresse, instruite et baptisée par les soins des sœurs de l'Immaculée-Conception, qui vont répandre leur héroïque charité sur les côtes de l'Afrique occidentale. Toute la famille s'amusa naïvement de la couleur exotique de l'enfant; bien certainement, on n'avait jamais vu pareil phénomène à Saïx. Paul profita de l'occasion pour enrôler les siens sous la bannière de la Sainte-Enfance, en leur racontant les merveilles que les missionnaires et les religieuses opèrent dans toutes les parties du monde, grâce au sou mensuel de l'association.

Lorsqu'il eut achevé ses études à Castres, il lui parut que le moment de partir pour le séminaire des Missions-Étrangères de Paris était arrivé. Afin de préparer peu à peu sa famille à la séparation définitive, il accepta de donner des répétitions comme prétexte à passer ses dernières vacances loin de sa mère adoptive :

1. *Vie de Mgr Puginier*, par E. Louvet.

Vainement, celle-ci insista pour son retour, il répondit par un refus très doux mais absolu, présage de la fermeté calme et inébranlable qu'il devait déployer pendant sa longue carrière. Pour lui aussi cependant, cette séparation était la goutte amère placée au fond du calice des consolations divines, et quand il partit, emportant avec lui son secret, laissant à peine deviner son émotion dans les derniers instants qu'il passa au pays natal, s'agenouillant pieusement sur la tombe de ses parents, priant avec ferveur dans cette église où il avait été baptisé, son cœur était brisé par l'angoisse.

On raconte qu'ayant franchi pour jamais le seuil de la maison paternelle, on l'y vit rentrer soudain, presque comme malgré lui, aller droit au berceau où sommeillait un neveu dont il était le parrain, déposer sur le front de l'enfant un baiser et une larme, puis se sauver rapidement. Le cœur humain, nul, excepté Dieu, ne l'entend palpiter, même au moment où il se brise, et il y a une étrange différence entre vouloir un sacrifice et l'accomplir : on a beau être prêt et résolu à le faire, le moment qui le consomme est toujours plus poignant qu'on ne l'avait pensé, le coup qui tranche les dernières attaches a des déchirements inattendus.

Selon le conseil de son directeur, l'abbé Puginier passa quelques mois au grand séminaire d'Albi, y mûrissant sa vocation, puis, sûr de lui, le 1er juillet 1854, il gagna directement Paris et le séminaire des Missions-Étrangères, sans embrasser une dernière fois cette bonne et dévouée vieille tante qui lui avait servi de mère ; il pria le curé de Saïx d'aller lui porter sa lettre d'adieu et d'adoucir l'amertume de la nouvelle de son départ.

Quand le prêtre se présenta chez Mlle Bousquet, celle-ci était seule.

« Y a-t-il longtemps que vous n'avez reçu des nouvelles de l'abbé Puginier? demanda-t-il, pour entrer en matière.

— Pas très longtemps, répondit-elle ; mais, dans quelques jours, il sera ici. »

Il fallut bien des ménagements pour amener la fatale nouvelle : « Votre neveu est parti ; il est entré aux Missions-Étrangères.

— Il est parti ! s'écria la tante ; ô mon Dieu !

et elle s'affaissa sur une chaise en fondant en larmes.

— Mais pourquoi nous l'a-t-il caché, comme si nous étions pour lui des étrangers?

— Il a voulu vous épargner la douleur des adieux; mais ne vous effrayez pas trop vite, il va seulement pour éprouver sa vocation; peut-être il vous reviendra.

— Sa santé est délicate, en effet, reprit la tante; mais je connais son caractère; sa décision doit être prise. Il ne reviendra pas. »

Malgré cette parole, elle voulut essayer de retenir son neveu, son cher enfant comme elle l'appelait, et le lendemain, elle était à Albi; l'abbé Puginier était parti après avoir reçu la bénédiction de son supérieur et dit à ses camarades le grand au revoir du ciel; la pauvre femme s'inclina devant la volonté de l'apôtre qui était celle de Dieu. Ah! si en ce jour de deuil elle avait pu deviner l'avenir et voir la belle et sainte existence de l'évêque du Tonkin, mesurer la grandeur de la destinée que la Providence lui réservait, de quelle allégresse eût tressailli son cœur, et quel radieux sourire eût séché ses larmes; hélas! elle ne voyait et ne sentait que le présent douloureux et amer, elle se résigna dans la souffrances, et qui sait si ce sacrifice, courageusement accepté, ne fut pas une des principales sources des grâces et des gloires, que le missionnaire reçut en sa longue carrière si mouvementée; la rosée ne monte-t-elle pas de la terre avant d'y retomber en pluie fécondante pour faire fructifier les plantes et épanouir les fleurs?

CHAPITRE II

M. Puginier au séminaire des Missions-Étrangères.

Qui ne connaît, au moins pour en avoir entendu parler, le séminaire des Missions-Étrangères, que l'on a si bien nommé le séminaire des martyrs? C'est lui qui, dans notre siècle personnel et positif, a recueilli l'héritage du saint enthousiasme, assez fort jadis pour précipiter les peuples sous la bannière de la croix; c'est lui qui prépare au combat, dans le silence de l'étude et de la prière, ces générations de héros ignorés dont Dieu seul compte les pas, bénit la vie et parfois glorifie la mort; c'est leur sang, semence féconde répandue sur la terre étrangère, qui crie merci à Dieu pour la patrie coupable, mais toujours aimée; n'est-ce pas en effet le sang innocent qui sauve les causes désespérées et met le ciel du parti des victimes?

L'abbé Puginier passa quatre années dans ce cénacle où son caractère franc et ouvert s'harmonisait si bien avec la simplicité joyeuse, la charité, la foi et la ferveur, apanage de la famille apostolique. Il y acheva sa formation aux labeurs de la vie des missionnaires, sous la direction des vétérans, dont quelques-uns étaient descendus dans l'arène pour y confesser la foi.

Et ce n'est pas sans émotion qu'on lit ses pieuses impressions sur la Salle des martyrs, la chambre sainte, où se conservent les restes précieux des grands morts et les instruments de leurs tortures.

« C'est là que sont déposées dans des châsses précieuses, les reliques de ces héros chrétiens. Tout autour, se trouvent les martyrs indigènes, les instruments de supplice, les objets qui leur ont appartenu et des linges trempés dans leur sang. Tous les soirs, avant d'aller prendre notre repos, nous allons nous recommander à tous ces confrères et leur recommander en même temps les personnes qui demandent des neuvaines à leur intercession, ce qui arrive à peu près tous les jours. Les directeurs viennent avec nous, et je vous assure qu'il est beau et touchant, en même temps, de les voir, eux qui ont été leurs condisciples et leurs confesseurs, prosternés au pied de leurs reliques pour se recommander à eux. M. Charrier surtout, qui a souffert avec eux, croyez-vous qu'il ne soit pas ému en ces moments? »

Comment dans une telle demeure, au milieu de ces souvenirs, la vocation du jeune aspirant ne se fut-elle pas fortifiée? et quoi d'étonnant dans cette lettre écrite à un de ses amis, au lendemain du jour qui l'avait définitivement engagé au service de Dieu et des âmes.

« Je suis sous-diacre, mon cher, et je t'assure que ce n'est pas avec regret que j'ai fait le pas décisif. Les engagements que je contractais, au lieu d'être un sacrifice, m'étaient, au contraire, une consolation. Je ne demande en ce moment qu'une seule chose, c'est la fidélité au Seigneur dont je suis devenu l'esclave. Il peut m'envoyer où il voudra, il est désormais mon maître, et je sais qu'il ne m'abandonnera pas. Le ministère, auquel je crois de plus en plus qu'il m'appelle, est rude et bien relevé ; mais j'espère qu'il sera avec moi. Ce n'est pas pour mon plaisir que je veux aller en mission ; c'est uniquement pour lui. S'il a pu se servir de l'ânesse de Balaam pour prophétiser, il n'aura pas moins de puissance pour faire de Paul Puginier un missionnaire.

« Quand je songe aux missions, aux souffrances physiques et morales qui sont le partage du missionnaire, je vois clairement que Notre-Seigneur doit être avec lui, comme il était avec les apôtres, quand ils étaient dispersés parmi les nations. Voilà pourquoi cette perspective de misères ne m'a pas fait hésiter un seul instant. C'est alors surtout qu'il me semble que Dieu m'appelle, et une voix intérieure me crie : « C'est égal, il faut partir. »

Si Paul Puginier possédait l'imagination qui lui révélait l'idéal de la perfection et de la carrière apostolique, il avait aussi la réflexion qui lui faisait comprendre la vie réelle avec ses souffrances et ses difficultés, il était donc armé de toutes pièces pour le combat, et il se sentait heureux de l'affronter, comme ceux qui savent que le bonheur est dans le sacrifice et dans le dévouement.

Il reçut l'onction sacerdotale le 29 mai 1858 des mains du cardinal Morlot, et deux jours après sa destination pour le Tonkin, alors la plus enviée de toutes les missions, parce qu'il semblait plus facile d'y conquérir la sanglante couronne des martyrs.

A cette occasion, il épanche sa joie dans le sein d'un ami :

« Eh bien ! oui, j'ai reçu ma destination pour le Tonkin, me voilà non pas seulement prêtre, mais déjà missionnaire destiné au Tonkin ; moi qui ne sais pas même encore bégayer, on m'envoie apprendre à connaître Dieu à un peuple de martyrs.

« Nous allons chez Mgr Retord, cet autre saint Paul. J'aurais de quoi m'effrayer, si jeune encore, de me voir chargé d'un fardeau qui pèse même aux épaules des anciens, mais j'espère que Notre-Seigneur m'aidera à le porter, car je sais qu'il ne m'a pas élevé à un état si sublime pour exercer sa vengeance, mais par miséricorde et amour. »

Le 29 août suivant, après la touchante cérémonie du départ, le nouveau missionnaire recevait les derniers embrassements de ses amis et de son frère aîné venu lui apporter les adieux suprêmes de la famille, et avec plusieurs prêtres des Missions-Etrangères, il s'acheminait vers Bordeaux où un navire attendait les jeunes apôtres.

CHAPITRE III

De France en Extrême-Orient.

Ils étaient treize quittant ensemble le doux pays de France, et parmi eux, deux étaient appelés à l'honneur suprême du martyr : Jean-Pierre Néel et Gabriel Durand. Le navire s'éloignait, le rivage aimé disparaissait à l'horizon, et au loin le ciel et la mer se confondaient dans un bleu intense.

Bien que l'infini vu à travers les barreaux d'une prison soit en quelque sorte l'acte de toute notre existence, la contemplation ne saurait remplir toutes les heures; aussi, pendant les longs mois de la captivité à bord, voit-on dans les lettres de M. Puginier et de ses compagnons le récit de leurs études, de leurs actes de piété, de leurs distractions. L'un d'eux, le spirituel P. Chicard, le chevalier apôtre, dans une page charmante d'humour et d'exactitude, esquisse la silhouette des voyageurs :

« Le bon P. Marin est comme notre capitaine et général, en lequel petits et grands se mirent pour l'ordonnance de leur vie. Il donne journellement des leçons de langue siamoise au P. Martin, et rien n'est plus plaisant que de les entendre chanter leurs prières dans ce dialecte oriental.

« Le P. Desvaux est le type du vieux vicaire, rompu à la besogne paroissiale. Dans une heure, il repasse un traité, fume une pipe, sans perdre le fil d'une conversation.

« Les connaissances du P. Durand se définissent comme la philosophie : tout ce qui est. Il connaît de toute science, depuis l'hysope qui rampe sur les masures jusqu'au cèdre du Liban. Il est physicien, chimiste, médecin; je pourrais ajouter qu'il arrache les dents et pose les sonnettes. Il tire tout à l'heure les plans d'une horloge pour le Thibet, l'unique chronomètre du pays étant tombé en ruines depuis quelque temps.

« Le P. Néel est notre maître des sentences.

La tournure de son génie est un peu mystique. Avec son conciliateur *probablement*, il met tout le monde d'accord et avance beaucoup les questions, tout en se tenant à distance. C'est à lui qu'il faut s'adresser pour connaître la pluie et le beau temps. Il vous le dira, toujours probablement.

« Notre bon P. Puginier est un saint homme de Dieu et mon confesseur. Il est tout à l'heure en retraite. Dieu ait son âme et la mienne ! C'est un liturgiste fameux, un moraliste parfait ; il connaît et gagne toutes les indulgences.

« Le P. Cazenave ne sort pas de son repos pour des questions vulgaires, mais chaque coup de cette langue bien affilée est la solution d'un nœud gordien. C'est un autre genre que celui de notre papa Larcher, qui mérite une mention spéciale. Sous son enveloppe pacifique, il cache un esprit vif et perçant. C'est le docteur irréfragable. Plonge-t-il un œil dans le champ immense de la théologie, il vous mènera par vingt récifs et écueils imprévus, puis, s'y posant en interrogateur, comme un sphinx, il pose des énigmes aux passants.

« Le P. Delsahut est un vrai moine chartrier. Il vient de repasser le dogme et la morale, il a pris la théologie mystique en passant, il compulsera tout à l'heure les saintes Ecritures, et j'espère de lui une nouvelle version des Livres saints.

« Le petit P. Sabattier a sa tactique spéciale aussi. C'est un travailleur acharné, mais, pour être loin des monts de sa chère Auvergne, il ne suspend pas sa lyre aux saules du rivage et prend son passe-temps à chanter de pieux cantiques.

« Vielmont a parcouru en six ans toute la série des études. Aujourd'hui, d'un coup de taille de son sabre, il tranche comme un lard les difficultés les plus insolubles. Il argumente à la manière d'Alexandre.

« Le P. Martin est inénarrable : une grande barbe rouge et noire, fournie comme l'herbe des premières coupes, encadre sa bonne figure. Si vous lui ajoutez sa pipe, sa casquette et ses grands dictionnaires siamois, je crois qu'il faut se taire et admirer.

« Fourcy est un vieux professeur émérite.

Malgré son air de jeunesse, il a enseigné la philosophie. Aujourd'hui, missionnaire au Kouy-Tchéou, il observe le temps, les saisons, le cours des astres, et prend le point comme un vieux navigateur.

« Pour moi, je suis un bonhomme. L'auriez-vous cru? et je vais toujours mon petit train. »

Pendant ce long voyage, car alors les navires devaient encore contourner l'Afrique et doubler le cap de Bonne-Espérance, les jeunes prêtres firent connaissance avec toutes les épreuves des traversées. M. Puginier en parle sur un ton joyeux à sa famille :

« Nous ne nous faisions pas du tout de mauvais sang, même avec le mal de mer; nous nous plaisions à voir arriver ces grandes vagues, qui nous soulevaient. Où en aurions-nous été si la tristesse et l'ennui s'étaient emparés de nous? le missionnaire, dans toute circonstance, doit bien prier le bon Dieu, bien travailler et bien rire. Autrement il aurait trop de quoi se décourager souvent. »

Le voyage fut agrémenté de quelques incidents qui auraient pu devenir des accidents.

Ils commencèrent le 26 septembre. Les voyageurs avaient dépassé les côtes du Portugal et voguaient rapidement, quand tout à coup le timonier crie : la terre devant nous; encore quelques minutes, et le navire se brisait sur les rochers.

« Le capitaine, de sang-froid, commande les manœuvres nécessaires et met un homme sur l'avant pour veiller aux rochers. Il n'y était pas plus tôt qu'il crie : brisants devant nous! Cette fois-ci, ils étaient tout près, et si le navire avait malheureusement touché, il était fendu par le milieu en un clin d'œil. On changea de route, mais tout danger n'était pas passé. Nous nous trouvions dans un petit passage, rempli de rochers, entre deux îles; mais la sainte Vierge a conduit notre navire à travers tous les dangers. Le lendemain, le capitaine nous a montré sur la carte le chemin par où nous étions passés, en disant que c'était à faire dresser les cheveux sur la tête rien que d'y penser. Dans ces moments-là, le plus simple et le plus court pour le missionnaire, c'est de faire le sacrifice de la vie; il se confie à la sainte Vierge, à son ange gardien, et il est tranquille. Il aurait beau s'effrayer, se donner de la peine, cela ne le sauverait pas, tandis que s'il dit avec foi : Mon Dieu, je suis ici pour vous, ma vie est entre vos mains, disposez-en comme vous l'entendrez, il n'a plus peur. »

A ces émotions un peu vives succédait la joie, bien douce au cœur des missionnaires, des fêtes religieuses solennellement célébrées.

Le capitaine, marin croyant, allait au-devant des pieux désirs de ses passagers, qui, chaque jour et à tour de rôle, purent célébrer la sainte messe lorsque le roulis n'y mit pas obstacle, et tout l'équipage se joignit à eux pour célébrer les fêtes de Noël ; c'est encore M. Puginier qui raconte ces heures de bonheur intime :

« Noël est arrivé, j'aurais voulu que vous fissiez cette journée avec nous. Nous avons passé une grande partie de la nuit à dresser un magnifique autel dans un enfoncement de la chambre. L'autel était paré de blanc et entouré de pavillons rouges, le reste de la chambre était tendu de pavillons de diverses couleurs, car le capitaine avait mis à notre disposition tout ce qu'il avait. Nous avions formé de chaque côté deux étoiles avec des cierges, et, au milieu, s'élevait une belle croix argentée, avec le Christ doré. Ornements en draps d'or pour le célébrant, rien ne manquait. Certainement votre église, qui est pourtant si bien ornée aux jours de fête, n'était pas plus belle, ce jour-là, que notre chapelle improvisée. Il y a eu trois messes; les autres ont communié. Nous avons chanté pendant la messe, à laquelle nous assistions en surplis. Le capitaine, les matelots, tout le monde était là. A l'élévation, le capitaine a fait tirer un coup de canon. Le plus ancien d'entre nous a prononcé un beau sermon sur le double mystère de la Nativité et de la communion. Les mâts du navire sont restés pavoisés toute la journée. Les matelots étaient si heureux, qu'ils nous ont encore demandé le soir à chanter vêpres avec nous. O la belle et sainte journée que nous avons passée! Que le bon Dieu en conserve toujours le souvenir dans l'âme de ces braves gens! »

Le 30 janvier, le navire jeta l'ancre près

d'une petite île, véritable repaire de pirates. Les habitants parurent vouloir envahir le vaisseau, et il fallut se mettre en état de défense : les canons furent chargés à mitraille, on prépara les fusils, sabres-baïonnettes, harpons, haches d'abordage. En quelques heures, le navire prit l'aspect d'une place de guerre. Pendant ce temps, le cuisinier du bord faisait bouillir de grandes marmites d'eau pour échauder les sauvages. La nuit, tout le monde monta la garde sur le pont, même les missionnaires. Mais pendant que ses compagnons, sous la direction de l'intrépide P. Chicard, se disputaient les postes de défense, M. Puginier, plus tranquille et moins belliqueux, récitait pieusement son chapelet.

Au commencement du mois de février, les voyageurs pour le Christ, comme disent les historiens du moyen âge, arrivèrent à Singapore ; deux d'entre eux restèrent à cette première étape, renouvelant par cette séparation l'amertume de celles consommées à Paris. M. Puginier eut de plus le chagrin d'apprendre la triste situation du Tonkin :

« Les nouvelles de notre mission sont bien mauvaises, écrit-il à sa famille, aussi mauvaises qu'elles puissent être. Depuis que les Français se sont emparés de Tourane, la persécution est devenue terrible : toutes les églises ont été renversées, cinq ou six mille chrétiens ont été pris, les uns, envoyés en exil, d'autres mis en prison, d'autres, ce sont les plus heureux, martyrisés ; tout ce qui appartenait à la mission a été pillé et brûlé, un évêque a été coupé en morceaux, tous les missionnaires de chez nous ont dû se disperser dans les montagnes ; depuis le mois de juin dernier, ils vivent dans des forêts infestées de tigres, n'ayant pas de quoi manger ou se vêtir, couchant à la pluie, sous les arbres, partout, sans pouvoir communiquer entre eux.

« Notre évêque, Mgr Retord, est mort le 22 octobre dernier dans les bois, assisté de deux missionnaires et de quelques chrétiens qui s'y étaient réfugiés avec lui. Il vivait là, en pleine forêt, sans abri, malade et sans secours. Dix jours avant sa mort, il écrivit à l'amiral français une longue lettre, que vous ne pourriez lire sans pleurer. Ce n'était, du commencement à la fin, qu'une énumération de malheurs : églises renversées, pillages, emprisonnements et massacres. Ce fut sa dernière lettre; quelques jours après, on apprenait sa mort. Oh! le saint évêque! Il est allé au ciel recevoir sa couronne, car depuis vingt-huit ans qu'il travaillait au Tonkin, au milieu des persécutions, il s'était préparé une jolie place dans le paradis, et les derniers mois qu'il a passés sur la terre ont bien augmenté ses mérites.

« Ne vous effrayez pas sur mon compte, je n'aurais pas le bonheur d'y être envoyé tant que les choses en seront là! Ne sachant pas la langue, je serais un embarras au lieu de servir à quelque chose. »

Après six semaines de repos, on reprit la mer, longue et pénible conclusion du voyage, car l'attrait de la nouveauté n'existe plus, on reste blasé devant les grands spectacles de l'Océan, et chacun aspire au port.

Pendant plusieurs semaines, le navire longea les côtes de la Cochinchine, et souvent il côtoya la terre de si près, que les passagers pouvaient distinguer tous les détails du rivage : les arbres des forêts, les rizières de la plaine, les habitations des villages, les aspérités des montagnes qui, parfois, descendent à pic jusqu'à la mer. A la vue de ce beau pays, formant un seul royaume avec le Tonkin, le cœur de l'apôtre battait d'émotion : « Qui sait? s'écriait-il, peut-être à ce moment où nous passions sans danger à quelques pas des côtes, quelqu'un de nos confrères, traqué par les satellites, jetait, du fond d'un antre, un œil d'envie sur notre vaisseau pour s'y réfugier et échapper au bourreau. Et nous! que ne pouvions-nous nous faire jeter à terre et gagner nos missions, en passant de chrétienté en chrétienté! Mais il n'y faut pas songer. Au premier pas, ne sachant pas la langue, ne connaissant personne, nous serions reconnus et arrêtés, et des centaines de chrétiens seraient compromis à cause de nous. Au revoir et à bientôt, terre des martyrs, devenue pour nous une seconde patrie! »

Enfin le mardi de Pâques 1859, après sept mois entiers écoulés depuis le départ de France, le navire jeta l'ancre dans le magnifique port de Hong-Kong; en temps ordinaire, le départ immédiat pour le Tonkin eût suivi l'arrivée dans la colonie anglaise, mais la persécution qui sévissait sur tout le royaume annamite ne le permettait pas, la prudence exigeait l'attente, elle fut dure au cœur du jeune missionnaire, mais il était de ceux qui savent se résigner. « On ne voudrait pas nous faire partir en ce moment, écrit-il, car ce serait nous envoyer certainement à la mort. La palme du martyre ne nous paraît pas maintenant réservée; elle attend de plus heureux que nous. Que la volonté de Dieu soit faite! La vie apostolique n'a pas pour fin première de conduire au martyre, mais de procurer l'extension du royaume de Jésus-Christ et le salut des âmes. Si nous sommes privés de cette précieuse faveur de verser notre sang pour Jésus-Christ, il dépendra de nous de remplir dignement notre vocation, avec l'aide de Dieu. »

CHAPITRE IV

Les Français en Extrême Orient. — Séjour et travaux de M. Puginier à Saïgon.

Quels étaient donc les graves événements qui arrêtaient le jeune missionnaire aux portes du pays si vivement désiré, « de cette terre promise, si ardemment souhaitée »? Résumons-les brièvement.

La France et l'Espagne, pour venger leurs nationaux, missionnaires massacrés, consuls bafoués, commerçants maltraités, avaient commencé une expédition en Cochinchine; la guerre avait été lente, le succès définitif s'était fait attendre. Après avoir pris Tourane sur la côte d'Annam, les Français et les Espagnols étaient allés s'emparer de Saïgon en basse Cochinchine; puis était survenue la guerre de Chine, que la France fit de concert avec l'Angleterre et qui avait arrêté la marche de nos conquêtes sur les rives du Donaï et du Mékong.

Pour se venger des Français qu'il ne pouvait chasser, le roi d'Annam, Tu-duc, avait décrété la persécution générale contre les catholiques de ses Etats, depuis les frontières du Cambodge jusqu'à celles de Chine; les missionnaires, traqués comme des bêtes fauves, étaient obligés de se cacher dans les plus obscurs réduits, dans les forêts sauvages, dans les rochers isolés des côtes; les chrétiens rançonnés, pillés, jetés en prison, mais courageux dans les supplices et dans la mort, offraient le plus douloureux et le plus héroïque spectacle de la misère et de la vaillance. En ces difficiles circonstances, le Vicaire apostolique du Tonkin occidental avait écrit à Hong-Kong et donné ordre de suspendre, jusqu'à la fin de la tourmente, tout envoi de missionnaires.

C'est une grande épreuve et une grande science pour un missionnaire de savoir se résigner et attendre le moment marqué par la Providence pour entrer dans la terre promise.

Cette attente fut imposée pendant trois ans à

M. Puginier par les événements politiques. Ce ne furent pas des années perdues : il y mûrit sa vocation apostolique, en fit le noviciat, apprit la langue, l'exercice du saint ministère et, par-dessus tout, se forma à l'abandon absolu à la volonté de Dieu.

A cette époque, Hong-Kong était le rendez-vous général de nos troupes dirigées sur Pékin. Soldats et missionnaires étaient faits pour s'entendre : les apôtres ne sont-ils pas soldats eux aussi, les soldats du Christ! et puis ils étaient tous Français et parfois venus d'un même village; c'est ainsi qu'un enfant du pays interpellait M. Puginier : « L'année prochaine, je serai, j'espère, de retour là-bas; et toi, Paul, quand reviendras-tu à Saïx? »

Et lui de répondre : « Jamais, je suis parti, c'est pour la vie. »

Cependant parmi la petite troupe de Français qui avait conquis Saïgon, la fièvre et le choléra faisaient de nombreux ravages, et pour soigner les malheureux, qui tombaient frappés par la maladie, à peine avait-on quelques infirmiers militaires.

Afin de remédier à cette situation, le Vicaire apostolique de la Cochinchine, Mgr Lefebvre, demanda que des religieuses de Saint-Paul de Chartres fussent détachées de leur maison de Hong-Kong pour venir à Saïgon installer un hôpital et donner leurs soins à nos pauvres malades. Les vaillantes filles acceptèrent avec joie : c'était se dévouer et se dévouer à des compatriotes, double bonheur.

M. Puginier fut désigné pour accompagner les religieuses, et il arriva avec elles à Saïgon en 1860.

La situation religieuse et politique y était encore bien précaire. D'une part, les Français occupaient la ville, il est vrai; mais ils y étaient presque entièrement bloqués par les Annamites en attendant que l'amiral Charner, commandant de nos forces maritimes dans les mers de Chine, vînt leur prêter son appui.

D'autre part, les chrétiens, fuyant la persécution, étaient venus se réfugier à l'ombre de notre drapeau; ils étaient sans ressources, sans vivres, et à la moindre alerte, ils accouraient à la mission qui leur apparaissait comme une seconde providence placée là pour subvenir à leurs besoins.

C'est dans ce milieu que M. Puginier fut appelé à faire ses premières armes. Il ne tarda pas à révéler les qualités qui devaient assurer le succès de son apostolat, unissant l'ardeur et la confiance à la prudence, l'amour des âmes au culte de la patrie.

Un vaste champ s'ouvrit bientôt à son zèle, et, à mesure que nos troupes gagnaient du terrain, lui étendait aussi le cercle de son action, recrutait des catéchumènes, improvisait des chapelles, organisait des chrétientés.

Les circonstances venaient en aide à l'apôtre. Le prestige du nom Français ralliait en foule les Annamites. Mais, dans leur pensée, Français étant synonyme de chrétien, ils croyaient donner un gage de leur fidélité à ceux qu'ils regardaient comme des sauveurs, en étudiant activement la religion dont ils avaient au moins une idée confuse et dont ils savaient la supériorité morale sur le bouddhisme et les autres cultes païens.

Hélas! hélas! pourquoi faut-il que de tristes préjugés ou d'inexplicables méfiances aient empêché de mettre ce mouvement à profit pour affermir notre influence et assurer nos conquêtes?

Pour se rendre compte du résultat qu'eût obtenu notre politique en favorisant les conversions au catholicisme, il suffit de jeter un coup d'œil sur la colonisation espagnole et portugaise; pourquoi fut-elle aussi rapide, aussi complète, pourquoi le pays conquis fut-il si aisément assimilé? sinon parce que vainqueurs et vaincus professèrent une seule et même foi; et sans remonter si loin dans l'histoire, lorsque la grande révolte de 1857, dans l'Inde, ébranla la puissance anglaise, quelle classe d'Indiens demeura fidèle? Les chrétiens.

Dans la Cochinchine, en 1859, ce fut parmi les chrétiens que les Français trouvèrent leurs soutiens; au Tonkin, aujourd'hui, voit-on parfois un catholique au nombre des rebelles? Jamais.

Nous ne prenons pas, on le voit, la question

religieuse sous son, aspect surnaturel, quoiqu'il soit le plus élevé et le plus vrai, nous examinons seulement la religion en tant qu'elle est une force utile aux intérêts humains de la patrie, et il nous paraît que c'est une aberration bien attristante de l'esprit sectaire de refuser le secours de cette force. Qu'on le veuille ou non, un même Credo unit singulièrement les cœurs et les intelligences, il les dispose à une entente plus rapide et plus entière sur tous les autres points, qui passagèrement peuvent les diviser. La vraie politique des Français eût donc été de favoriser l'extension du catholicisme, parce qu'elle eût multiplié le nombre de leurs amis, elle eût été ensuite de rendre le bien pour le bien à ces catholiques devenus un solide point d'appui, en récompensant leurs services par des places et des honneurs qui eussent doublé leur influence, elle eût été en un mot de mettre en pratique cette devise très profitable d'un ancien administrateur de Cochinchine : *Dur aux ennemis, doux aux amis.*

C'est pour augmenter le nombre des amis de la France et pour faire pénétrer sa civilisation aussi bien que pour affirmer la foi chez les Annamites, que M. Puginier fonda une école où devait être enseignée notre langue et demanda l'autorisation de l'ouvrir à l'amiral Bonnard, alors gouverneur de Cochinchine.

« L'amiral hésite, discute; il a sur la colonisation des idées très arrêtées, qu'il veut appliquer d'une façon absolue, et les écoles du jeune missionnaire n'entrent pas dans ses plans. M. Puginier déploie pour la première fois, dans une négociation officielle, les qualités qui feront plus tard son succès; il se montre raisonnable et raisonneur. Ce n'est pas tout de bien juger, encore faut-il bien dire.

« M. Puginier juge bien et dit bien, il ne s'oppose pas au plan de l'amiral, il expose le sien, il l'appuie de motifs graves, exprimés avec modération. L'amiral consent, mais il se souvient, et quand le missionnaire demande une nouvelle audience, l'amiral répond à son aide de camp : « Bon encore le Père Puginier! j'accorde, j'accorde tout ce qu'il voudra, et qu'il n'entre pas. »

L'aide de camp rapportait la réponse, « la

mettant en forme », et le solliciteur, qui avait compris, souriait en priant de présenter ses plus respectueux remerciements à M. l'amiral [1]. »

Cette première victoire fut très remarquée ; bientôt l'école compta une centaine d'élèves et ne tarda pas à rendre de grands services à notre administration.

L'introduction du vaccin fut dû également à l'initiative et à la persévérance du jeune missionnaire. Vingt-huit mois s'écoulèrent ainsi, et M. Puginier se déclarait parfaitement heureux au milieu de ses enfants et de ses chrétiens de Saïgon.

Cependant, il n'oubliait pas le Tonkin ; aussi, quand la paix fut signée entre l'Annam et la France le 5 juin 1862, et que l'on put espérer la fin de la persécution, il songea à prendre le chemin de sa mission.

« Le roi d'Annam a demandé à faire la paix, écrit-il à sa famille, et a envoyé pour cela à Saïgon deux de ses plus grands mandarins.

1. Journal l'*Univers*.

La paix est conclue depuis huit jours. Je ne sais pas si elle sera solide et durable ; nous devons nous en remettre pour cela au bon Dieu. J'espère que sous peu, je pourrai entrer dans ma mission du Tonkin, après laquelle je soupire depuis quatre ans que j'ai quitté la France. Je pars volontiers de Saïgon, parce que ce n'était pas ma mission, mais ce n'est pas sans regretter mes enfants et mes chrétiens. Je les aimais beaucoup tous, et je crois qu'ils m'aimaient aussi ; mais avant tout, je dois considérer mon devoir, ma mission est le Tonkin, c'est là que je dois me rendre et y finir ma vie. »

Le 10 juillet, il s'embarqua sur une barque chinoise, laissant de nombreux regrets derrière lui :

« Je termine cette lettre en route, à bord de la barque, écrit-il encore à ses parents ; elle sera remise à un navire que nous devons rencontrer, et qui se chargera de la faire partir. Mes adieux sont faits ; mes enfants et mes chrétiens ont beaucoup pleuré, les uns sans doute, parce qu'ils voyaient pleurer les autres, mais chez plusieurs, c'était sincère. J'ai été obligé d'aller rondement pour me rendre à la barque, afin de les empêcher de me suivre tous. Malgré cela, ils sont encore accourus en foule, j'ai dû leur faire dire de s'en retourner, car j'avais moi-même le cœur bien gros, et je sentais le besoin d'en finir. J'avais pu jusque-là me contenir devant eux, mais si la chose eût duré, je ne répondrais plus de rien. »

En quittant Saïgon, M. Puginier, on le voit, mêla le regret de ses premières œuvres à ses espérances d'avenir, mais Dieu est avec ceux qui le cherchent, et souffrir en l'aimant n'est déjà plus souffrir.

CHAPITRE V

De Saïgon au Tonkin.

La paix était signée, mais le pays n'était pas encore pacifié, et l'entrée du Tonkin fut semée de périls et de difficultés pour M. Puginier.

Parti de Saïgon le 10 juillet, il mit plus de cinq mois à accomplir son odyssée apostolique.

Après une traversée heureuse, au début, il dut attendre longtemps dans les missions dominicaines de Haïphong, un vent favorable et les ordres de son évêque, Mgr Jeantet; car la guerre religieuse était loin d'être finie, et la guerre civile, entretenue par un prétendant nommé Lê-phung, bouleversait le pays.

Les dangers de la route de terre devinrent si pressants qu'il sembla préférable de braver ceux de l'océan.

3.

Le missionnaire ne put trouver que deux faibles barques qui jamais n'avaient tenu la mer , aussi, à peine se furent-elles éloignées des côtes que les matelots, des chrétiens dévoués et rompus au métier, déclarèrent qu'il était impossible de continuer la route dans de pareilles conditions. On vira donc de bord, et l'on revint à terre.

Huit jours s'étaient à peine écoulés en recherches inutiles pour louer d'autres barques, que les persécuteurs entouraient le village où M. Puginier avait caché ses effets. Le prêtre tonkinois qui dirigeait la chrétienté fut arrêté et décapité séance tenante avec plusieurs de ses catéchistes. M. Puginier, heureusement caché à deux lieues de là, perdit à peu près tout ce qu'il avait, mais demeura sain et sauf. Enfin toujours en danger d'être pris, il s'embarqua de nouveau sur une misérable jonque.

Après quelques heures de navigation, des pirates fondirent à l'improviste sur les voyageurs.

Au bruit, le missionnaire, qui venait de s'endormir, dans sa petite cabine, se réveille en sursaut. D'un coup d'œil, il a compris la situation : il portait avec lui le viatique de sa mission et un millier de piastres ; à tout prix, il faut les sauver. Il les jette au fond d'une jarre pleine d'eau, n'en gardant sur lui qu'une vingtaine, et se présente hardiment aux assaillants : « Qu'est-ce que cela? leur dit-il avec force. Pourquoi ces violences inutiles? si vous avez l'intention de nous piller, nous ne sommes pas, vous le voyez bien, en état de vous résister. Mais garrotter des gens paisibles, qui ne font de mal à personne, est-ce une manière d'agir? » Déconcertés à la vue de cet Européen et de son air assuré, les pirates se mettent à lui faire de grandes prosternations : « Salut, Père, salut! Les pères sont bons ; nous ne voulons pas leur faire de mal. » Les voyant à demi domptés par cet ascendant moral que l'Européen qui veut se faire respecter garde toujours sur les natures asiatiques, promptes à l'aplatissement, M. Puginier entre en pourparlers avec eux : il leur demande un instrument quelconque, un sabre, un couteau, à défaut de hache, pour rattacher le gouvernail qui s'en allait à la dérive. Les voleurs ne donnèrent ni sabre, ni couteau, mais ils se contentèrent pour eux de vingt piastres, d'un flacon de quinine et du turban du missionnaire.

La tempête succéda aux pirates, et l'on dut retourner à terre, pour reprendre bientôt la mer. Au milieu de tous ces périls, M. Puginier restait calme et confiant à ce point que Mgr Alcazar, l'évêque espagnol du Tonkin oriental, dont il partagea la vie pendant plusieurs jours, l'accusait de fatalisme; fataliste, non, mais se reposant sur la Providence, « ce qui est la plus douce et la meilleure manière de se reposer ».

« Au milieu de tous ces dangers, je n'étais pas inquiet du tout, écrit-il. Je me sentais d'une manière toute particulière entre les mains de Dieu. Souvent, nous nous sommes aperçu, après coup, que, par telle mesure que nous avions prise tout à fait au hasard, le bon Dieu nous avait sauvé la vie. »

Le missionnaire touchait enfin au port, du moins le croyait-il, lorsqu'une fois encore, la tempête lui fit voir la mort de bien près :

« Nous nous confessâmes mutuellement, raconte-t-il, nous fîmes un vœu à la sainte Vierge, un autre à saint Joseph et aux âmes du purgatoire, et nous attendîmes tranquillement ce que Dieu déciderait de nous. Nous savions que la sainte Vierge nous gardait, et nous allions à la volonté de Dieu. »

La sainte Vierge le garda en effet. Bientôt s'éleva un vent favorable qui porta M. Puginier et ses compagnons dans une baie de la province de Thanh-hoa.

La présence d'esprit de notre missionnaire les sauva alors d'un dernier péril : tandis qu'elle abordait, leur barque avait été aperçue et pouvait trahir leur arrivée ; aussitôt M. Puginier fait percer quelques trous dans la cale, hisser toutes les voiles, et la jonque, repoussée loin de la rive, alla s'abîmer en pleine mer, simulant un naufrage dont la croyance mit fin aux recherches des satellites et des mandarins.

Après quelques incidents de douane qu'il fallut aplanir à prix d'argent, le 17 décembre, à minuit, M. Puginier se glissa furtivement dans la paroisse de Ké-so, où son vieil évêque, Mgr Jeantet, l'attendait caché dans une famille chrétienne, auprès d'une étable à buffles, qui donnait asile à quelques théologiens, débris de son séminaire.

« Je suis arrivé enfin dans ma mission, écrit-il, mais un peu comme l'oiseau qui laisse une partie de ses dépouilles dans les filets de l'oiseleur. Pourtant, j'ai pu sauver mes ornements, mon calice, les piastres de la mission et la plus grande partie du vin de messe. Il ne nous en restait plus que pour quinze jours, un mois au plus. »

CHAPITRE VI

Les premières annnées d'apostolat.

La crise effroyable, qui avait ruiné toute la mission du Tonkin, finissait à peine, les chrétiens se hasardaient timidement à revenir sur ce terrain mouvant, et les missionnaires attendaient anxieusement la proclamation de la liberté religieuse stipulée par le traité du 5 juin 1862. Dans ces conditions, on ne pouvait encore se montrer au grand jour, et M. Puginier dut faire connaissance avec sa mission par les privations, les incertitudes et les angoisses d'une vie cachée, qui rappelait celle des catacombes.

Lui-même décrit ainsi les premiers temps de son apostolat au Tonkin :

« Que nous réserve le Seigneur? Lui seul le

sait. Si par bonheur on venait à recevoir le petit coup de sabre, que faudrait-il demander pour vous, Père Charrier, qui m'avez envoyé ici? Nous ne savons pas encore où en sont les affaires de la paix. Les populations ne sont pas du tout rassurées. Dans certains endroits, on n'ose pas venir chercher le Père, même pour les malades; très peu de chrétientés osent l'appeler pour faire l'administration; dans d'autres, au contraire, l'administration se fait même avec un certain éclat. Nous sommes entre les mains des mandarins, bien plus que dans celles du roi. Dans tel endroit, les mandarins sont bons; alors le vent est favorable, et l'on navigue à pleines voiles dans les eaux de la liberté; dans un autre endroit, les mandarins sont mal disposés, alors le vent devient contraire, il faut diminuer de voile et se tenir sur ses gardes; souvent ce n'est qu'un petit grain qui passe et qui déverse sa pluie sur le pont du navire; à quelque distance, la mer est calme, le soleil brille, le ciel est serein. »

M. Puginier ne demeura pas longtemps à

Ké-so ; il fut envoyé dans un vaste district, qui comprenait alors, avec la chrétienté de la ville, une bonne partie de la province de Hanoï : « Le vice-roi du Tonkin, écrivait-il gaiement, va devenir mon paroissien. S'il a besoin de mon ministère, je suis très disposé à lui venir en aide, à condition, toutefois, que la brebis ne croque pas le pasteur. »

Son district comptait de dix-huit à vingt mille fidèles disséminés dans un espace évalué pour deux jours de marche. Cinq grandes paroisses, administrées par des prêtres annamites, se subdivisaient en nombreuses chrétientés renfermant de cent à mille âmes.

Le missionnaire s'établit à Ké-loï au centre du district. Enfin son zèle pouvait se déployer avec toute l'activité dont Dieu l'avait doué, et bientôt il s'attacha profondément à ceux auxquels il se dévouait, ce qui est le grand ressort de tout labeur.

« Quand on aime, a dit saint Augustin, on ne sent pas le travail, ou si l'on sent le travail, c'est un travail aimé. »

Sa foi, son caractère, son entrain, sa générosité lui concilièrent rapidement les sympathies des Annamites, et imposèrent le respect aux païens eux-mêmes, il ne tarda pas à en recevoir une preuve éclatante.

Un jour, pendant une de ses courses apostoliques, il fut arrêté par un maire de village séduit par l'appât d'une rançon, et fut livré au chef de canton.

La nouvelle se répandit comme une traînée de poudre. Grand émoi parmi les chrétiens.

Les têtes se montent : « Il faut délivrer le Père, » proposent quelques-uns.

Pourtant les hommes hésitent, leur courage est grand, mais le souvenir si récent de la persécution les glace d'effroi. On essaye de négocier, on offre de l'argent, argument ordinairement sans réplique en Orient, mais les chrétiens sont pauvres, la somme est faible, et le mandarin refuse. Alors on ne délibère plus : « Si les hommes ont peur, s'écrient les femmes, c'est nous qui ferons l'affaire. »

Sous cette impulsion, l'expédition est résolue ; et la nuit suivante, une troupe de jeunes hommes simplement vêtus de langoutis, comme dans les expéditions dangereuses, et armés de bambous, se glissent silencieusement à travers les rizières, tombent à l'improviste sur les gardiens du prisonnier, les garrottent solidement, forcent les portes et les fenêtres et se répandent dans la maison en criant :

« Père, où êtes-vous? »

« Ici, » répond M. Puginier, qui, entendant le tumulte et en devinant la cause, se tenait prêt, son bréviaire à la main.

« Ne faites de mal à personne, » ajoute-t-il.

Aussitôt entouré, enlevé, il est hissé sur les épaules de ses libérateurs et porté en triomphe jusqu'à Ké-loï.

Simple fait qui prouve et l'énergie des chrétiens et la vénération qu'avait su leur inspirer le missionnaire.

Ardent au travail, et se souvenant que les âmes qui s'économisent n'entreront pas au ciel, M. Puginier se multipliait, visitant tour à tour ses chrétientés, prêchant, confessant, convertissant, relevant les ruines matérielles et morales que la persécution avaient amoncelées.

Il fait à cette époque le tableau de sa

vie en écrivant à ses parents et le termine ainsi :

« Et le temps pour tout cela, où le trouves-tu? Où je le trouve, le voici : ce que je ne puis faire le jour, je le fais la nuit ; quand je ne puis me coucher de bonne heure, je me couche tard, quelquefois je ne me couche pas du tout. Avec cela, il faut se lever à quatre heures du matin, car c'est l'heure à laquelle les chrétiens viennent à l'église réciter leurs prières, et comme ils tiennent à assister à la messe, il faut la leur dire de grand matin, avant qu'ils aillent au travail.

« Outre l'administration de mes chrétiens et la surveillance d'un orphelinat de la Sainte-Enfance, j'ai encore une imprimerie annamite et une école de quarante enfants qui commencent le latin ; il me faut par-dessus faire le doreur : avant de partir de Paris, j'ai appris un peu à dorer et à argenter, en sorte que c'est à moi à entretenir en bon état les vases sacrés de la mission. Avec tout ce travail, je me porte bien, et je crois même que mes occupations me font vivre ; il me semble que si je devais rester sans rien faire, je tomberais malade d'ennui. Heureusement, ce danger n'est pas à redouter dans ma position. Je n'ai pas le temps de m'ennuyer. »

Une des premières œuvres, à laquelle il se dévoua, fut celle très importante de l'imprimerie annamite, fondée sous Mgr Retord par le Père Titaud et complètement détruite, lorsque M. Puginier arriva.

La tourmente avait non seulement dispersé les ouvriers et brisé le matériel, mais presque tous les livres avaient disparu, et les chrétiens en réclamaient.

Tout était donc à reconstituer; le missionnaire y travailla vigoureusement, et à peine une année s'était écoulée qu'il pouvait écrire :

« J'ai installé ici (à Ké-loi) une imprimerie annamite. Dans l'espace de trois ou quatre mois, j'ai édité plusieurs ouvrages, tels que catéchisme, formulaire de prières, combat spirituel, des méditations pour le carême, d'autres méditations pour le temps de la passion, le livre des quatre fins de l'homme, un ouvrage qui contient les principales preuves de notre sainte religion et réfute les erreurs du paganisme. En tout, sept à huit ouvrages. Cette œuvre augmente de jour en jour, de manière que j'espère être bientôt en état d'imprimer la plupart des livres de religion traduits ou composés en annamite. »

Le relèvement de l'Œuvre de la Sainte-Enfance, qu'il entreprit presque en même temps, lui coûta plus de soucis et de peines ; il mit dans cette fondation non seulement tout son cœur, mais également l'esprit pratique qui caractérisait ses actes.

Tout avait été calculé, prévu d'avance, et aussitôt la permission de l'évêque obtenue, il commença avec un entrain qui lui permettait d'écrire dès les premiers jours de l'année de 1864 :

« J'ai déjà recueilli soixante enfants qui ont pu recevoir la grâce du saint baptême, bienfait qu'on n'aurait pu leur accorder, si la Sainte-Enfance n'avait pas d'établissements pour abriter ces petites créatures. Le démon me suscite bien des difficultés, mais il a beau faire, le bon Dieu est plus fort que lui ; plus le diable me suscitera d'embarras, plus je serai convaincu que cette œuvre est l'œuvre de Dieu. »

Et peu après :

« Grâce aux secours de la Sainte-Enfance, j'ai pu sauver la vie à un grand nombre de petits enfants. Il fallait voir avec quel empressement on m'apportait ces petites créatures. J'en ai reçu quelquefois jusqu'à dix et quinze par jour; dans un seul mois, j'ai dû en adopter cent quatre-vingts; et cela a duré huit grands mois. Parmi ces enfants, il y en avait de tout âge, depuis trois jours jusqu'à quinze ans. »

La famine et le choléra ne tardèrent pas à remplir outre mesure les orphelinats; l'œuvre prit une rapide extension, les asiles se multiplièrent, et la direction générale en fut confiée à M. Puginier. Sa confiance inébranlable en Dieu ne lui permettait pas de calculer ses ressources : « Le bon Dieu qui nous envoie ces pauvres petites créatures, disait-il, nous donnera aussi de quoi les nourrir.

Il fallait bien que le missionnaire comptât singulièrement sur la Providence, car en ce temps de calamité, on lui apportait jusqu'à cent quatre-vingts enfants par mois; aussi malgré les secours alloués par l'Œuvre de la Sainte-Enfance, dut-il, au mois de mai 1866, contracter un emprunt pour acheter le riz nécessaire à la subsistance de ses orphelins. Mais en deux ans, grâce à sa sage administration, le déficit fut comblé et l'équilibre du budget de la Sainte-Enfance rétabli, sans qu'on ait eu besoin de fermer un seul des trois orphelinats alors existants ou de renvoyer un seul enfant. C'est là un de ces actes d'administration qui donnent la mesure d'un homme et qui font prévoir ce qu'on peut attendre de lui.

A l'exemple de Notre-Seigneur, il témoignait une grande prédilection aux enfants, les visitait souvent, les groupait autour de lui, s'entretenait familièrement avec eux ; mais rien n'échappait à son œil scrutateur, sa bonté n'était pas faiblesse, les négligences et les fautes étaient immédiatement réprimées. Aussi sa patience et sa persévérance imprimèrent et maintinrent dans les orphelinats un ordre et une propreté rigoureux qui semblaient incompatibles avec le caractère des Annamites.

CHAPITRE VII

Le provicaire.

« Au commencement de novembre 1865, écrit M. Puginier, nous étions tous réunis à Ké-non, auprès de Monseigneur, à l'occasion de sa fête. Au dîner, Sa Grandeur me remit une grande enveloppe cachetée, en présence des confrères. C'était ma nomination à la charge de provicaire. »

Le provicaire est le titre du vicaire général de l'évêque dans les Missions.

Dans la situation où se trouvait alors le Tonkin occidental, cette charge était loin de constituer une sinécure; Mgr Jeantet était usé plus encore par les fatigues et les souffrances qu'il avait subies pendant la persécution que par l'âge; Mgr Theurel, son coadjuteur, épuisé aussi avant l'heure et pliant sous le poids du travail, avait dû aller demander à l'air natal un peu de santé et de vie; le premier provicaire M. Mathevon, brisé par la torture, consacrait ses dernières forces à la direction du séminaire et à la procure.

Le fardeau entier de l'administration allait donc peser sur les seules épaules du jeune provicaire; il l'avait compris dès l'heure de sa nomination :

« Sa Grandeur, écrivit-il à ses parents, vient de me nommer son grand vicaire. N'allez pas croire que cet honneur soit pour moi une tentation d'orgueil, et pour vous un sujet de vous glorifier. Ici, être grand vicaire, c'est être obligé à prendre plus de peine, à endurer plus de misères que les simples missionnaires, car il faut partager toutes les fatigues et tous les tracas du Vicaire apostolique, et comme Mgr Jeantet est très âgé, et que son coadjuteur est absent pour le moment, il en résulte que presque tout le fardeau retombe sur les deux provicaires. »

Et dans une lettre à M. Albrand : « Tous ces soucis sont joliment de nature à former un

jeune homme. La seule pensée qui me fortifie, c'est que je fais l'œuvre de Dieu, et qu'il est, pour ainsi dire, obligé de me venir en aide, sans quoi je serais bien vite écrasé sous le fardeau. »

La mort de Mgr Jeantet, arrivée le 24 juillet 1866, rendit la charge plus lourde encore.

Aussitôt après son retour de France, Mgr Theurel, devenu Vicaire apostolique, songea à réaliser le projet, conçu depuis longtemps, et ajourné par suite de la persécution, d'obtenir du Saint-Siège la division de la mission du Tonkin occidental, dont on aurait détaché les provinces du nord.

Il prépara l'exécution de ce plan par une tournée pastorale depuis longtemps omise, dans les provinces de Ninh-binh et de Thanh-hoa et se fit accompagner par M. Puginier, que dans sa pensée il désignait comme chef du futur Vicariat; et il voulait en quelque sorte l'y présenter. Dans le même dessein, il le chargea de créer un séminaire dans un village appelé Phuc-nhac.

Cette fondation faillit tout d'abord coûter la

vie à notre missionnaire, comme lui-même le raconte gaiement à un de ses amis de France :

« C'est certainement grâce à la sainte Vierge que je suis encore en vie. Au plus fort de l'inondation, je fis naufrage, une nuit, au-dessous de l'endroit où la digue qui retient les eaux du fleuve s'était brisée. J'avais déjà dépassé cet endroit; le courant était fort rapide, et faisait des tourbillons. Il était neuf heures du soir, et l'obscurité était très profonde. En plein courant, ma barque buta contre un arbre; elle se brisa et sombra en un instant, au plus fort du courant. Je me trouvais alors enfermé dans la barque, et ce ne fut que sous l'eau que je pus me dégager; j'avais tous mes habits, et, pour comble d'embarras, mon pantalon glissa et s'enroula autour de mes pieds. Après m'être dégagé, je revins sur l'eau et me saisis d'une petite planche de deux pieds, qui flottait à côté de moi. J'avais bien de la peine à la retenir, tant le courant était fort. Je me soutins ainsi sur l'eau, en nageant, pendant plus d'un quart d'heure.

« J'étais en train de réciter mon chapelet,

quand la barque sombra. Je le gardais soigneusement à la main par laquelle je tenais la planche, et je nageais de l'autre. Grâce à Dieu, je n'ai pas perdu un instant mon sang-froid, ni quand j'étais dans la barque, sous l'eau, ni plus tard, quand j'étais emporté par le courant. Je croyais être sûr que je ne me noierais pas, et je me souviens que, m'étant demandé s'il fallait réciter l'acte de contrition, je me dis que le moment n'était pas venu.

« Ayant au cou mon scapulaire, ma médaille, et mon chapelet à la main, j'étais tranquille, et je nageais sans peine. Quand on vint à mon secours, je n'étais pas du tout fatigué, et je pus encore suivre à la nage la barque qui était venue me chercher, en m'appuyant d'une main sur elle. Cette barque en bambou était si légère, qu'au premier mouvement que j'aurais fait pour y entrer, elle aurait chaviré. Comme elle ne pouvait lutter contre la violence du courant, on dut expédier une autre embarcation plus grande pour m'amener au bord.

« Je n'étais pas à cinq cents pas de la communauté de Ké-so quand je fis naufrage. On courut annoncer à Monseigneur que j'étais perdu, mais heureusement personne ne périt; le personnel de la barque, ou sauta sur l'arbre en touchant, ou gagna à la nage une élévation qui se trouvait à côté. Il n'y avait que moi à l'intérieur, en sorte que je n'avais pu voir le danger, et la barque coula si vite qu'on n'eut pas le temps de m'avertir.

« La plus grande partie des effets a pu être sauvé en plongeant. »

Le lendemain, il commença l'installation du séminaire, triomphant par sa fermeté des obstacles que les mandarins essayaient de faire surgir. Au mois de décembre, l'établissement était organisé et comptait soixante élèves.

Mais à ce moment (1867), l'horizon politique commença à s'assombrir, et on put redouter le renouvellement de la persécution. L'année précédente, l'amiral de la Grandière, pour en finir avec les intrigues et les complots de la cour de Hué dans la colonie de Saïgon, s'était emparé, en quelques jours, des trois provinces occiden-

tales de la basse Cochinchine. Le roi et surtout les lettrés avaient ressenti vivement cette perte. Au lieu de s'en prendre à eux et à leur mauvaise foi, qui avait forcé les Français à assurer par un acte de vigueur la tranquillité de la colonie, ils cherchaient à se venger de leurs défaites sur les chrétiens qui n'y étaient pour rien.

Une ordonnance très sévère fut envoyée partout, et prescrivit aux missionnaires de montrer leurs passeports, chaque fois qu'ils se déplaceraient, au lieu de les présenter une fois pour toutes à leur entrée en Annam, comme le portait le traité de 1862. C'était leur rendre à peu près impossible l'administration des paroisses, et cette ordonnance devint pour les chrétiens un sujet continuel de tracasseries et de vexations. A chaque instant, ils étaient emprisonnés, et même frappés, pour les punir d'avoir reçu les missionnaires dans leurs villages. En vain, Mgr Theurel essaya de s'aboucher avec les grands mandarins de la province pour obtenir de meilleures conditions ; ceux-ci se dérobèrent et refusèrent de le recevoir.

Pour rassurer les fidèles, l'évêque commença, au mois de décembre 1867, une visite pastorale dans la province de Nam-dinh. Afin d'éviter toute difficulté, il fit présenter aux mandarins son passeport, qu'ils acceptèrent; plusieurs vinrent même lui rendre visite, ce qui n'empêcha pas les lettrés, assurés de la connivence du gouvernement, d'afficher aux portes du presbytère de Ke-trinh un placard injurieux, dans lequel on mettait à prix, pour quatre barres d'argent, la tête de l'évêque et celle des deux missionnaires qui l'accompagnaient et quelques jours plus tard de brûler l'église et la chrétienté.

CHAPITRE VIII

Le coadjuteur.

Malgré ces difficultés et ces malheurs, la division de la mission était prête, et Mgr Theurel remit à M. Puginier le bref qui l'instituait son coadjuteur.

Tout d'abord celui-ci se récusa. « Monseigneur, écrivait-il à l'évêque, le 26 novembre, je prie Votre Grandeur d'y songer à deux fois et même à trois, bien que je sache que vous y avez déjà réfléchi mûrement; mais l'affaire est tellement grave, il y va tellement de l'intérêt de la mission et du salut de mon âme, que vous voudrez bien me permettre de vous demander d'y réfléchir encore. Quant à moi, Monseigneur, sans vouloir faire de l'humilité accrochée, je me trouve bien jeune, sans vertu, sans science, avec bien peu d'expérience. C'est avec une profonde conviction et vérité que je vous dis ceci. Peut-être que Votre Grandeur ne connaît pas assez mon intérieur pour prendre une détermination si grave à mon sujet, et qu'elle aurait besoin de l'étudier plus à fond. »

Mgr Theurel pressa plus vivement, et M. Puginier s'inclina humblement et simplement, disant :

« Quant à mon élévation à l'épiscopat, je ne ferai rien pour me l'attirer, Dieu m'en préserve. Je ne ferai rien non plus pour vous contrarier; ni l'un ni l'autre ne serait selon Dieu. Le bon Dieu vous ayant donné la sollicitude de la mission, il doit vous éclairer de son Saint-Esprit, pour vous faire connaître sa volonté. Je m'en remettrai donc à votre décision avec une simplicité sincère, quoiqu'avec une certaine honte.

« Je suis le premier à désirer que votre Grandeur n'ait pas à regretter le choix qu'elle a fait, mais en tous cas, le bon Dieu ne me reprochera pas d'avoir cherché, ni désiré la mitre. Je me sens plus humilié que porté à me

réjouir de cette nouvelle charge qu'on va m'imposer. »

Le 25 décembre, après avoir célébré la radieuse fête de Noël et récité son acte de contrition, le *Veni sancte spiritus* et le *Memorare* qui le mettait une fois de plus sous la protection de la sainte Vierge, il apposa sa signature au bas des lettres officielles qui le faisaient évêque de Mauricastre.

Le sacre eut lieu le 26 janvier 1868 dans la chapelle du séminaire de Hoang-nguyen, et Mgr Theurel l'entoura de toute la solennité qui avait manqué au sien, célébré aux heures les plus dures et les plus cruelles de la persécution.

Vingt et un Evêques ou missionnaires français et espagnols s'y trouvaient réunis à vingt-huit prêtres annamites et à cinq cents catéchistes et séminaristes. Des milliers de chrétiens étaient accourus de toutes les provinces. Jamais le Tonkin n'avait vu semblable solennité religieuse.

Ces heures de pieuse joie et de tranquillité sont rares dans la vie des prédicateurs de l'Évangile, plus rares peut-être que dans toute autre vie, de temps en temps cependant, Dieu les y place comme une oasis où le voyageur peut faire une halte reposante et reprendre le courage et la force nécessaires à de nouveaux combats.

Mgr Puginier ne tarda pas à l'éprouver. Quelques semaines à peine après son élévation épiscopale, les lettrés de Nam-dinh reprenaient l'offensive, brûlant l'église, la maison de Dieu, le couvent des religieuses et nombre de maisons de chrétiens à Kétrinh.

Plaintes étaient en vain portées par l'évêque ; et dès lors enhardis par ce manque de répression, les brigands s'organisèrent par bandes, pillant, saccageant, étendant au loin le cours de leurs déprédations.

« A l'heure qu'il est, écrivait Mgr Theurel, le 18 février, nous avons environ quatre mille chrétiens sans feu ni lieu, plus misérables que les mendiants, puisqu'au lieu de les assister, les païens les chassent de partout; en plusieurs endroits, ils se sont déjà partagé leurs champs. Les mandarins restent dans la plus complète

inaction. Le cri des lettrés est: « Mort aux Européens, mort aux chrétiens, leurs alliés ! » Quand ils rasent un village, ils insultent au désespoir de ces malheureux: « Où sont, leur disent-ils, les Français, vos protecteurs? Pourquoi ne viennent-ils pas à votre secours? Ils ressemblent à un méchant gamin, qui battrait un petit enfant en se moquant de l'absence de son père. »

Les Français n'étaient cependant pas entièrement inactifs, et l'amiral Ohier, gouverneur de Saïgon, écrivit à la cour de Hué, pour qu'elle mît un terme aux malheurs qui frappaient la mission du Tonkin. On lui fit des promesses, qu'on se garda bien de tenir; aussi les lettrés et leurs bandes vinrent-ils à Nam-dinh même menacer d'incendier l'église de cette ville. Les chrétiens résistèrent, et après un semblant d'escarmouche, les assaillants se retirèrent sans autre dommage.

Alors, enfin, la cour de Hué s'émut et rendit un simulacre de justice condamnant à mort les chefs de l'entreprise, mais condamnant aussi à la bastonnade le prêtre annamite qui avait dirigé la résistance; ni l'une ni l'autre de ces sentences ne fut exécutée, mais dans l'opinion publique, elle n'en était pas moins un échec moral pour les chrétiens et une atteinte au prestige de la France.

Les tracas et le chagrin de ces nouveaux troubles avaient porté le dernier coup à la santé chancelante de Mgr Theurel. Le recours à Dieu et les secours de la science furent impuissants à prolonger sa vie, l'heure de la récompense était sonnée pour le serviteur fidèle, et le 3 novembre, assisté de son coadjuteur et de plusieurs missionnaires, l'évêque remit paisiblement sa belle âme entre les mains de Dieu. Le jeudi suivant, au milieu d'un grand concours de prêtres et de fidèles, son corps fut enterré dans l'ancienne église de Ké-so, à côté de celui de Mgr Retord, que le vénéré défunt avait rapporté lui-même des forêts de l'Ouest. Plus tard, Mgr Puginier élèvera à Ké-so la belle église de l'Immaculée-Conception, fera déposer sous ses voûtes les deux corps et se réservera une place auprès d'eux.

CHAPITRE IX

L'évêque.

La mort de Mgr Theurel laissait Mgr Puginier seul à la tête de la mission du Tonkin occidental. Il comptait trente-trois années à peine, mais il avait déjà donné sa mesure comme apôtre ; tous avaient foi en lui, seul il se défiait de ses forces, aussi, cherchant un appui plus haut que la terre, voulut-il tout d'abord mettre son épiscopat et son Vicariat sous la protection de la sainte Vierge, il termina cet acte de consécration solennelle à la Reine du ciel par ces paroles :

« Aujourd'hui, je vous choisis pour ma Mère, ma patronne et celle de toute la mission. Donnez-moi une foi vive, une espérance ferme, une charité ardente, la prudence, le conseil et la sagesse dans la délibération, la force dans l'action, l'humilité dans le succès, la patience dans les revers, le zèle de la maison de Dieu, avec un désir toujours croissant de me dépenser de plus en plus au service des âmes.

« Etoile de la mer, soyez ma lumière pour illuminer mes ténèbres, soyez mon guide dans toutes mes voies, mon secours dans ma faiblesse, ma consolation dans mes misères et mes afflictions, mon repos dans mes sollicitudes et ma défense contre les tentations.

« O Marie, recevez mon cœur, mon âme, mon corps, toutes mes facultés; faites que je glorifie Dieu, que je vous honore, vous qui êtes ma Reine, sauvez-nous tous et toutes les âmes qui nous sont confiées, afin qu'éternellement et d'un seul cœur nous aimions Dieu et puissions un jour chanter avec vous : *Magnificat anima mea dominum.* »

Pour qu'une Eglise prospère et soit bien gardée, il faut des pasteurs dévoués et vigilants. Mgr Puginier connaissait l'importance de la formation de ces pasteurs, et il leur donna ses premiers soins, entourant son clergé de sollicitude, lui ménageant des retraites annuelles, réglant tous les points d'administration, confirmant et maintenant la communauté matérielle qui constitue la mission du Tonkin en une grande famille unie par l'abnégation et la charité, comme les chrétiens des premières années de l'Eglise naissante. Infatigable et ardent à l'œuvre, Mgr Puginier n'épargnait pas les fatigues du ministère à ses prêtres, mais, pour eux, l'Evêque se doublait volontiers du Père, aimant à les grouper autour de lui, prenant sa part de leurs peines et de leurs joies, les stimulant dans leurs travaux, les encourageant, les exhortant, les consolant, soignant d'une main très douce leurs infirmités corporelles ou spirituelles et faisant une part plus large encore peut-être dans ses affections aux nouveaux venus, qu'il traitait avec la prédilection volontiers témoignée aux plus jeunes de la famille.

Mais ce n'était là qu'un côté de sa vie qui devait être tout entière absorbée par le gouvernement de la mission du Tonkin. A cette époque, la charge était fort compliquée soit par la haine des lettrés, soit par l'astuce ou l'insolence de la cour de Hué.

Celle-ci, irritée des observations que l'amiral français lui adressait de temps à autre sur la conduite de ses agents envers les catholiques, s'en prit aux évêques et leur envoya un factum qui prétendait régenter leur action ou plutôt l'entraver et la neutraliser s'il était possible. Travestissant tous les faits, les ministres disaient :

« Toutes vos suppliques, nous les avons présentées au roi. Sa Majesté a ordonné de communiquer ces pièces aux mandarins des provinces en question, qui devront examiner, avec la plus sévère justice, avec convenance et droiture, tous les points en litige pour en référer promptement au roi, qui jugera en dernier ressort.

« Jusqu'ici, notre royaume a été inquiété par les rebelles, les uns descendus des montagnes, les autres venant de la mer. Nous avons dû établir partout des milices pour maintenir la tranquillité. Si, par suite de cette mesure, on a eu à déplorer quelque fait répréhensible, le gouvernement s'est toujours employé à punir les coupables, selon la gravité du délit, et cela, sans acception de personne. Pourquoi donc les chrétiens ne comprennent-ils pas la loyauté de nos intentions? D'où viennent ces soupçons qui engendrent des propos malveillants? Comprenez donc que payens et chrétiens sont tous également les enfants du roi, qui ne saurait les voir s'exterminer sans être touché de compassion. De quelque côté que vienne le délit, on doit également le punir selon la gravité. C'est clair.

« Depuis la paix, voyez les trois affaires qui ont eu lieu au Nghê-an, Nam-dinh et Quang-nam. N'ont-elles pas été réglées selon toute justice, de manière à servir d'exemple à tout le monde? Et maintenant, on vient nous dire que le ministère a envoyé des ordres secrets pour faire brûler et égorger les chrétiens. Peut-on pousser plus loin l'impertinence? De pareilles pensées ne devraient jamais surgir dans le cœur, à plus forte raison être produites au dehors. Réfléchissez donc, et désormais suivez les règlements du royaume; enseignez à tous vos chrétiens à s'occuper paisiblement de leurs travaux, se gardant bien de proférer des propos orgueilleux, et de se prévaloir de certaines protections, qui ne peuvent leur attirer qu'antipathies et vengeances.

« Dorénavant, vous tous évêques et prêtres, vous ne pourrez passer d'une localité à une autre sans être munis d'une autorisation écrite du mandarin du lieu; vous ne devrez pas mener avec vous un nombreux personnel; vous n'aurez ni palanquins, ni parasols, ni chevaux, ni barques, ni bagages en trop grande quantité; des armes, il vous est absolument défendu d'en porter avec vous; partout où vous passerez, gardez-vous de manières prétentieuses, propres à indisposer les esprits contre vous. Dans vos cérémonies religieuses, il vous est défendu de réunir une nombreuse assistance; n'y employez pas trop de pompe. L'entrée de vos demeures doit être facilement accessible à tous. En un mot, soyez en tout humbles, soumis, afin que personne ne doute de la droiture de vos intentions. Ne témoignez de mépris pour personne. De cette manière finiront toutes les discussions, et la paix régnera partout.

« Si par hasard quelque différend venait à surgir, vous devriez faire votre rapport au mandarin local, présenter vos réclamations deux et trois fois; après quoi, si le mandarin refuse d'y faire droit, alors seulement vous pourrez en référer au ministre.

« Gardez-vous surtout d'écouter les faux rapports de vos chrétiens, pour venir plaider des causes qui ne vous regardent pas, ce qui ouvre la voie aux haines et aux vengeances.

« Que l'évêque obéisse, car tels sont nos ordres, » avait signé le roi.

Ce chef-d'œuvre de mauvaise foi se passe de commentaires, mais il montre à quels hommes l'évêque avait affaire, il pourrait également servir aux diplomates français désireux de savoir comment la duplicité orientale se joue de leur habileté franche et généreuse.

Afin de répondre victorieusement à leur conduite astucieuse, l'évêque eut toujours à son service une grande prudence doublée de sang-froid et de ténacité, témoin le fait suivant qui arriva en 1868.

Il s'agissait alors de savoir si, oui ou non, l'article du traité de 1862 qui concernait les passeports allait être exécuté et si les missionnaires devaient, contrairement à la teneur de cet article, présenter leur passeport chaque fois qu'ils feraient un voyage.

Afin de régler cette question, Mgr Puginier demanda une audience au gouverneur de Hanoï, la réponse se fit attendre pendant des semaines, elle vint enfin, fixant le jour et l'heure. L'évêque se présenta, mais on ferma devant lui la porte de la citadelle. L'affront était sanglant, d'autant plus que c'était la première fois depuis près deux siècles qu'un évêque osait paraître dans la capitale du Tonkin. Mgr Puginier[1] était en grande tenue, soutane violette, camail, rochet brodé; il se planta stoïquement devant la porte, sous les regards stupéfaits des curieux accourus en foule. Son attente dura trois heures. Par un de

1. Journal l'*Univers*.

ces hasards que les Annamites excellent à faire naître, un général passa, suivi d'un état-major de contrebande. Il voulut bien s'étonner de voir ce missionnaire français arrêté devant la citadelle, et essaya de savoir le motif de sa présence. L'évêque le lui dit, ajoutant qu'il resterait là, jusqu'à ce que le gouverneur le reçût. Le général se confondit en excuses, offrit gracieusement ses services, fit ouvrir la porte de la demi-lune, conduisit l'évêque dans la maison des étrangers et alla prévenir le grand mandarin.

« Deux heures s'écoulèrent, personne ne paraissait, l'évêque attendait toujours, ne donnant nul signe d'impatience; il était évident qu'il ne partirait pas. Le gouverneur capitula à moitié, il ordonna d'ouvrir la porte de la citadelle, mais prétexta un violent mal de tête qui, à son grand regret, lui interdisait les réceptions et l'obligeait à se faire remplacer par le mandarin des tributs. L'évêque avait à qui parler, il parla avec une grande tranquillité, et très longuement. Il avait attendu cinq heures, l'entretien dura cinq heures; c'était la peine du talion, doucement appliquée. Telle fut la première entrevue de Mgr Puginier avec les mandarins de Hanoï. Elle ne fut pas inutile. Les Annamites, qui saisissent très vite le caractère des hommes comprirent qu'il fallait compter avec celui-là. Il y eut une sorte de détente dans la persécution qui désolait les chrétiens.

Aussitôt un mouvement de conversions se manifesta, et les baptêmes d'adultes se multiplièrent. En 1869, il y eut mille dix-sept conversions, et mille vingt et un, en 1870.

« L'année 1870, écrivait Mgr Puginier, a été vraiment une année de grâces pour le Tonkin occidental. Une chose que, depuis longtemps, on n'avait pas vue dans la mission, c'est l'introduction de notre sainte religion au milieu de villages entièrement payens. Six villages, où jusqu'ici on ne comptait pas un seul chrétien, ont reçu, cette année, la lumière de la foi. Quelques-uns, peu populeux, ont embrassé presque en entier la religion ; d'autres, plus considérables, ne se sont convertis qu'en partie ; mais ces nouvelles chrétientés formeront un noyau qui, avec la grâce de Dieu, ne manquera pas, je l'espère, de se développer. »

Pour seconder cet élan vers le catholicisme et satisfaire sa tendre dévotion envers la Reine du ciel, Mgr Puginier établit à cette époque, dans son Vicariat, la célébration du mois de Marie, et accorda pendant ce temps, au tempérament démonstratif des Annamites, une procession solennelle dans chaque paroisse, à un jour désigné, outre la procession générale de clôture.

Les années suivantes virent le pieux évêque instituer également les mois du sacré Cœur et de saint Joseph.

Il avait comme le pressentiment des malheurs prêts à fondre sur le Tonkin et voulait en quelque sorte prémunir les chrétiens, les fortifier et attirer sur eux le secours du ciel en multipliant les bonnes œuvres et les prières.

év
To
su
na
pé
fai
tou
rés
du
roi
tar
pa

CHAPITRE X

Mgr Puginier et les premières expéditions françaises au Tonkin.

A l'époque où nous sommes arrivés, les événements graves vont se multiplier au Tonkin, la France essaiera de prendre pied sur cette terre pour protéger les droits de ses nationaux, missionnaires ou commerçants, et pour défendre l'honneur de son drapeau. Il lui faudra de longues années, accidentées tour à tour par les revers et les victoires, avant qu'elle règne en souveraine incontestée sur les bords du fleuve Rouge et dans la vieille capitale des rois d'Annam.

Mgr Puginier prendra à ces faits si importants dans notre histoire coloniale la grande part que lui assigneront son patriotisme, son expérience, sa dignité d'évêque. Au milieu de ces circonstances si diverses, souvent très malheureuses pour les chrétiens et les missionnaires, nous le verrons plein de confiance, de patience, de fermeté ; nous admirerons sa foi inébranlable dans la Providence et son ardent amour pour la France, sa vraie patrie, et pour le Tonkin, sa patrie d'adoption.

Le premier navire de guerre français qui parut devant Hanoï fut le *Bourayne*, commandant Senez (1872); il avait été envoyé à la demande de la cour de Hué elle-même pour débarrasser le Tonkin des pirates chinois; mais après deux voyages successifs paralysés par le mauvais vouloir des mandarins, qui préféraient encore s'entendre avec les pirates plutôt que de subir la présence des Français, le commandant Senez partit sans avoir rien fait.

Un commerçant français, M. Dupuis, vint ensuite.

Depuis longtemps fixé en Chine, M. Dupuis était en relations avec les mandarins du Yunnan qu'il nantissait d'armes, et rêvait de résoudre au profit du commerce le problème géographique de la possibilité de se rendre dans cette province par le fleuve Rouge.

Assuré de l'approbation tacite de la France, il tenta heureusement l'aventure et fit un premier voyage au Yun-nan, ouvrant ainsi aux transactions commerciales la voie depuis longtemps cherchée.

Encouragé par ce premier résultat, il équipa plusieurs navires à vapeur et, le 23 décembre 1872, arriva devant Hanoï avec sa flottille ; grand fut l'émoi des mandarins qui refusèrent de laisser passer le négociant français. Celui-ci n'avait jamais rencontré Mgr Puginier, mais il n'ignorait pas qu'il pouvait compter sur son aide.

« Je sais, dit-il aux mandarins, qu'il y a un évêque français dans la province, je vais aller le trouver, et à mon retour, je verrai ce que vous aurez décidé. » « Gardez-vous en bien, répondirent les mandarins. La vue d'un bateau à vapeur effraierait les populations simples et timides de ce pays. D'ailleurs, il vous faudrait plusieurs jours pour arriver au lieu où réside l'évêque, et votre bâtiment s'ensablerait en route. Nous allons envoyer un courrier à l'évêque pour le prier de venir vous trouver. Après-demain, il sera ici. »

En effet, les grands mandarins écrivirent à Mgr Puginier une lettre courtoise et pressante, la cachetèrent du grand sceau à l'encre rouge et députèrent un de leurs principaux officiers pour l'inviter à se rendre à Hanoï.

Ce n'était plus l'époque où l'évêque méprisé attendait humblement devant la porte de la citadelle qui refusait de s'ouvrir devant lui. Cette fois toutes les démonstrations du respect le plus obséquieux lui furent prodiguées sous forme de compliments, d'envoi de palanquin royal, de haie de soldats formée sur son passage, d'empressement des princes et des officiers à se précipiter à sa rencontre. Le prélat acceptait tous ces honneurs pour les reporter sur Jésus-Christ qu'il représentait, sachant qu'en Orient plus qu'ailleurs le prestige donné au serviteur remonte jusqu'au maître.

Vainement les conférences se multiplièrent-elles, et Mgr Puginier s'efforça-t-il de faire comprendre aux mandarins combien leurs intérêts se trouvaient liés à ceux du commerce français, ils ne voulaient qu'une chose : l'expulsion de M. Dupuis; et voyant l'entremise de l'évêque impuissante à obtenir ce résultat, ils eurent recours au gouverneur de Saïgon, l'amiral Dupré, espérant être débarrassés par lui de ce fâcheux.

Désireux depuis longtemps de s'immiscer dans les affaires du Tonkin, l'amiral se hâta d'accepter le rôle de médiateur qui lui était offert.

Sous le voile d'une enquête à faire à propos de M. Dupuis, mais en lui donnant des instructions qui ne s'arrêtaient pas là, il envoya à Hanoï le lieutenant de vaisseau Garnier, homme de vues larges, d'aventureuse intrépidité, bien connu en Extrême-Orient par la grande part qu'il avait à l'exploration du Mékong.

Mais avant que Garnier fut rendu au poste qui lui était assigné, les choses s'étaient compliquées au Tonkin. De nouvelles difficultés s'étaient élevées entre M. Dupuis et le grand maréchal annamite Nguyen-tri-phuong, un ennemi acharné des Français.

M. Dupuis, toujours retenu à Hanoï, avait voulu expédier un chargement de sel au Yunnan, le grand maréchal s'y était opposé : les mandarins s'adressèrent alors à Mgr Puginier et le prièrent de venir à la capitale, l'évêque se rendit à leurs instances. Mais il ne reçut pas l'accueil pompeux de l'année précédente ; le grand maréchal Nguyen-tri-phuong avait pris les affaires en main, et, se drapant dans sa morgue orientale, il se borna à envoyer son secrétaire à la rencontre de Mgr Puginier, se flattant de lui faire faire les premières ouvertures. Ruse pour ruse : à toutes les insinuations, l'évêque répondit que, sachant combien précieux étaient les instants du maréchal, il n'osait en abuser en demandant à le voir — et Nguyen-tri-Phuong dut se résoudre à faire exprimer au prélat son désir de conférer avec lui.

L'évêque se rendit aussitôt à l'invitation, et l'entrevue commença sur un ton de politesse qui dissimulait mal l'arrière-pensée du maréchal.

Cependant après le début insignifiant, mais

obligé de toute conversation annamite, on en vint enfin à la question sérieuse : « Monseigneur, dit le maréchal, vous êtes le grand chef de la Religion : vos livres défendent non seulement de faire le mal, mais même d'y penser. Or, voilà M. Dupuis qui met le trouble dans le pays. Il veut remonter à Lao-kay avec un énorme chargement de sel. Les lois du royaume le défendent. Donc il fait le mal. Je suis heureux de vous rencontrer, pour vous charger de lui faire des remontrances et, au besoin, lui défendre de faire le mal. » — « Maréchal, répondit Monseigneur, je suis le chef de la Religion; je fais tout mon possible pour porter les hommes au bien; s'ils m'écoutent, Dieu les en récompensera; mais s'ils ne m'écoutent pas, je ne puis les contraindre. Pour ce qui est de M. Dupuis, je vous ferai observer que ce que vous demandez touche au commerce et non à la religion. M. Dupuis se croit dans son droit. La religion n'a rien à voir dans cette affaire [1]. »

1. *Vie de Mgr Puginier.*

Le maréchal insista, et l'entretien s'échauffant peu à peu, il en vint à dire au prélat : « Je vous préviens que si vous n'arrangez pas cette affaire à ma satisfaction, je vous retiens prisonnier. » L'évêque ne jugea pas de sa dignité de relever alors la menace, et l'on se sépara en bons amis.

Mais de retour chez lui, Mgr Puginier se hâta d'écrire au maréchal, pour protester contre les habiletés dans lesquelles on avait cherché à le surprendre :

« Grand Mandarin, vous m'avez dit, dans l'entrevue de ce matin, plusieurs choses que je n'ai pas voulu relever devant le public, mais contre lesquelles je tiens à protester : 1° Vous m'avez dit que j'avais demandé l'entrevue. Vous savez bien que c'est le contraire, et que je suis allé vous voir sur votre demande uniquement; 2° si l'affaire avec M. Dupuis ne s'arrange pas, vous me retiendrez prisonnier. Eh! bien, je vous préviens que je pars demain vers midi, que l'affaire soit réglée ou non. Si vous voulez me faire arrêter, vous pouvez envoyer vos soldats. »

Le lendemain, comme il l'avait dit, l'évêque repartit pour Ké-so, et personne n'osa mettre obstacle à son départ.

Quelques jours après, Mgr Puginier fut rappelé à Hanoï par les mandarins auxquels sa présence semblait absolument indispensable. A cette occasion, il eut avec le grand maréchal une seconde entrevue, qui ne dura qu'un quart d'heure. L'évêque refusa même de s'asseoir, « pour ménager, dit-il, les moments si précieux de son Excellence », mais en réalité, parce qu'on lui avait encore tendu un piège, en lui offrant une place inférieure à celle à laquelle son rang lui donnait droit ; dans un pays hiérarchisé comme celui-ci, ces puérilités d'étiquette, qui ailleurs feraient à bon droit sourire, ont une importance majeure.

Nos compatriotes ne devraient pas l'oublier, et si jamais ils poussent la curiosité jusqu'à visiter, en l'étudiant, une colonie britannique, ils verront jusqu'où les Anglais, nos maîtres en colonisation, observent ces moindres détails qui les maintiennent si haut dans l'estime de leurs administrés.

A la fin de cette courte entrevue, le maréchal dit à l'évêque : « Monseigneur, vous avez rendu de grands services au royaume d'Annam. Je voudrais pouvoir vous en remercier convenablement, mais je n'ai qu'une médaille d'or que m'a remise le roi; je suis heureux de vous l'offrir, et je vous prie de l'accepter. » — « Grand commissaire royal, je n'ai rien fait pour mériter une pareille distinction; je ne puis accepter. » Le maréchal insista, et l'évêque, pour ne pas le blesser, accepta la médaille et lui promit de la conserver.

CHAPITRE XI

Mgr Puginier et l'expédition Garnier.

Le 5 novembre 1873, à trois heures du soir, l'envoyé de l'amiral Dupuis, le lieutenant de vaisseau Garnier avec cent vingt hommes de troupes et deux petits navires à vapeur, « défilait devant le modeste rivage qui borde la ville de Hanoï ».

En approchant, Garnier fit chauffer son canot à vapeur, quitta la jonque pour le monter et prit les devants.

Quand il arriva ainsi dans la capitale du Tonkin, il trouva, pavoisés et tirant le canon pour le saluer, trois vapeurs européens : c'étaient les navires de M. Dupuis. Sur le rivage qui regorgait d'une foule curieuse, étaient en grande tenue, bannières déployées, formant la haie et présentant les armes, deux cents soldats chinois armés de chassepots, c'étaient les gardes de M. Dupuis.

Mais de grands mandarins, point. Ni le maréchal Nguyen-tri-phuong, ni le gouverneur de Hanoï, ni le général de la province, quoique prévenus de l'arrivée, ne s'étaient dérangés.

Une nouvelle marque d'insolence fut donnée dans la question du logement. Les hauts fonctionnaires de la citadelle envoyèrent à Francis Garnier un subalterne lui indiquer l'habitation préparée pour lui : des bâtiments petits et malpropres, une auberge.

Garnier se rendit droit à la citadelle exprimer son mécontentement au grand maréchal et finit par obtenir une demeure convenable.

En même temps, l'amiral Dupré s'appuyait sur les missionnaires et adressait la lettre suivante à Mgr Sohier, le Vicaire apostolique de Hué.

« Saïgon, le 6 octobre 1873.

« Monseigneur,

« Le gouvernement annamite est menacé de perdre très prochainement le Tonkin. Il serait atteint dans son existence même, si cette riche et populeuse province lui échappait. Une poignée d'aventuriers l'y tient en échec, les pirates ravagent les côtes, enlèvent les navires sous les yeux du roi, les bandits pillent les campagnes, l'impuissance du gouvernement à rétablir l'ordre, à faire respecter les lois est aujourd'hui manifeste. Il n'y pourra parvenir qu'avec notre assistance, qui nous imposera des charges sérieuses, si nous la lui accordons. Quelles compensations est-il disposé à nous offrir en échange? quelles garanties, pour nous assurer contre le retour de ses mauvaises dispositions passées?

. . . .

« La situation du Tonkin a paru cependant assez grave à la cour de Hué elle-même pour qu'elle m'ait demandé d'intervenir. Je me suis attaché à lui faire comprendre les avantages que son pays retirerait d'une alliance étroite et sincère avec la France, alliance dont le grand bénéfice serait pour elle et la plupart des charges pour nous. Je suis patient, et j'attends le résultat de mes efforts.

. . . .

« M. Garnier a l'ordre d'inviter Dupuis à renoncer momentanément à son entreprise, pour la reprendre plus tard, dans des conditions régulières, et de l'y contraindre, en cas de refus; d'exiger, aussitôt le renvoi de celui-ci, que le fleuve Rouge soit ouvert aux barques annamites, françaises et chinoises, moyennant des droits modérés à la remonte et à la descente, de faire respecter les stipulations protectrices des chrétiens et de se maintenir au Tonkin jusqu'à la conclusion du traité.

« Mes intentions sont loyales : mon but est d'initier le gouvernement et le peuple annamite à la civilisation chrétienne, de leur servir de guide et d'appui, de les aider à réformer leur administration et leurs finances, de leur refaire une armée et une flotte, enfin de rendre la sécurité au Tonkin, depuis si longtemps ravagé par la guerre civile, le brigandage et la piraterie.

« Je ne doute pas, Monseigneur, d'obtenir, dans la voie que je me propose de suivre, le sincère concours de Votre Grandeur et celui de tous vos vénérés collègues. Je n'ai pas le temps d'écrire aux différents chefs de missions pour les mettre au courant de la situation, mais je prie Votre Grandeur de vouloir bien se charger de ce soin.

« Veuillez agréer, Monseigneur, l'assurance de mon respectueux et sincère dévouement. »

« *Le Contre-amiral,*
« *Gouverneur et Commandant en chef,*

« DUPRÉ. »

L'inquiétude causée aux Vicaires apostoliques par cette intervention française était grande; la situation de Mgr Puginier était difficile entre toutes, puisque l'action se déroulait sur son terrain et qu'il se trouvait également mis en cause par le gouvernement annamite et par les autorités françaises. Il fallait toute sa sûreté de coup d'œil, toute son adresse et toute sa fermeté pour ne pas échouer sur ce double écueil.

Dans les premiers jours de novembre, il reçut une lettre pressante de Garnier, l'invitant à se rendre à Hanoï pour s'entretenir avec lui. Il hésita quelques jours avant de répondre à l'invitation de l'envoyé français; mais les grands mandarins lui ayant écrit, de leur côté, pour le prier de venir les aider, il ne crut pas pouvoir se refuser plus longtemps aux instances des représentants des deux pays.

Mgr Puginier arriva donc à Hanoï, le 12 novembre. A sa première entrevue avec Garnier, il lui fit cette déclaration très nette : « Monsieur le Commandant, je serai toujours heureux de vous rendre tous les services en mon pouvoir, en tout ce qui ne sera pas contre ma conscience; mais si je suis Français, je dois me souvenir aussi que je suis évêque au Tonkin. Veuillez donc ne rien me demander qui puisse faire tort au gouvernement annamite, car je ne pourrais m'y prêter, me devant à ma patrie d'adoption aussi bien qu'à ma patrie d'origine. » — « Monseigneur, répondit Garnier, je comprends les nobles sentiments qui vous animent ; jamais je ne me permettrai de vous faire la moindre proposition pouvant vous gêner sous ce rapport. »

Cependant Nguyen-tri-phuong refusait de traiter avec le mandataire de l'amiral Dupré, se bornant à lui répéter : « Vous êtes au Tonkin pour expulser Dupuis, emmenez-le et partez avec lui. »

Francis Garnier n'en avait pas moins immédiatement commencé son enquête. Il s'était fait remettre par M. Dupuis le résumé de ses griefs et le relevé des indemnités réclamées (5, 000, 000 de francs). Il avait aussi cherché à se renseigner auprès des négociants de Hanoï, dont les plus importants étaient Chinois ; ceux-ci ne demandaint pas mieux ; ils auraient même souhaité la bienvenue à l'envoyé de la France. Ils en furent empêchés par une défense formelle du sous-préfet, et presque aussitôt parut affichée dans Hanoï une proclamation du gouverneur, généralisant l'interdiction.

Elle défendait à tout habitant, fût-il commerçant et même Chinois, de se rendre auprès de l'ambassadeur français; elle disait que celui-ci n'avait aucune qualité pour être le confident de leurs plaintes, ni le dépositaire de leurs secrets; qu'envoyé pour juger et chasser M. Dupuis, il n'avait pas à s'immiscer dans les affaires du pays; et qu'enfin si quelqu'un croyait avoir le droit de formuler des réclamations, c'était à lui, gouverneur, qu'elles devaient uniquement s'adresser.

Jeté au moyen âge sur un excommunié, un interdit n'aurait pas produit plus d'effet. La peur fit cesser toutes relations des habitants avec Francis Garnier ainsi dénoncé à leurs méfiances.

L'humiliation était publique. L'officier français ne voulut ni rester sous le coup de cet affront, ni laisser altérer ainsi le caractère de sa mission, ni être privé des moyens de s'enquérir. Le soir même, il se rendit auprès du gouverneur, dans la citadelle et l'invita à retirer, à détruire immédiatement cette indigne proclamation.

Elle ne fut point retirée.

Le commandant jugea l'honneur du nom

Français engagé ; il sentit que reculer après s'être ainsi avancé serait une honte qui détruirait à jamais notre prestige et qu'une action prompte et énergique pouvait seule sauver son influence en vue de l'avenir ; sa position s'aggravait d'heure en heure, il fallait en sortir par un coup d'éclat, et il résolut avec les cent quatre-vingts hommes dont il disposait, de s'emparer de la vaste citadelle de Hanoï.

Aux ouvertures que lui fit le chef de l'expédition relativement à son dessein, Mgr Puginier montra quelque étonnement d'une décision aussi hardie : Il ne doutait pas, disait-il, du succès qu'obtiendrait la supériorité de nos armes sur le nombre vingt fois, trente fois plus grand des soldats annamites enfermés dans cette citadelle immense et des mieux fortifiées ; mais il était, à son avis, d'une très grande importance de penser, en déclarant une guerre dans ce pays, aux moyens qu'on aurait dans la suite pour calmer l'effervescence des esprits et y rétablir l'ordre nécessaire.

Heureusement que les sentiments dont les populations étaient animées à notre égard étaient bons ; on a même dit qu'ils ne pouvaient être meilleurs. Les proclamations répandues dès les premiers jours, avaient plu par la douceur qui s'y mêlait à l'énergie.

L'ultimatum fut lancé le 17 novembre.

M. Garnier reprochait vivement au maréchal ses agissements, les bruits semés par lui, les embûches tendues et terminait en l'engageant pour la dernière fois à montrer d'autres dispositions : « J'honore votre grand âge, je respecte vos vertus militaires, mais je déplore la haine aveugle qui vous anime contre les Français ; puissiez-vous le reconnaître et revenir à vous ; sinon, que la responsabilité de tous les faits qui surviendront plus tard retombe sur votre tête ! » — Il ne fut rien répondu à cet ultimatum.

L'attaque était devenue inévitable. Du reste, les Annamites s'y attendaient, comprenaient qu'ils l'avaient assez provoquée et, depuis plusieurs jours, se préparaient à la défense par de grands rassemblements de troupes et de hâtives fortifications aux alentours.

Le 20 novembre, à sept heures du matin,

l'attaque commençait ; après un combat de trente-cinq minutes, le drapeau français flottait sur la citadelle dominant la vieille capitale du Tonkin, et à dix heures, Garnier écrivait :

« *All right.* La citadelle a été enlevée avec ensemble. Pas un blessé. La surprise a été complète et réussie au delà de mes prévisions. Le feu de la rade surtout (*Scorpion* et *Espingole*) a abruti ces pauvres gens qui n'avaient pas encore vu de projectiles explosibles. Le maréchal a été blessé par une boîte de mitraille. L'envoyé de Hué et tous les grands dignitaires sont pris. C'est une opération modèle (sans me vanter). »

Un lieutenant de vaisseau entouré de cent quatre-vingts hommes seulement, à trois mille lieues de leur patrie, à quatre cents lieues de tous secours, isolés dans une ville de quatre-vingts mille habitants, se risquant avec une partie de son escorte à l'assaut d'un fort de 5 à 6 kilomètres de pourtour, garni de murs, de fossés, de glacis, de canons, et gardé par une armée qui, si mal équipée qu'elle fût avec ses piques et ses sabres, aurait pu se jeter sur les assaillants à raison de cinquante contre un ! Garnier avait raison, c'était une opération modèle.

Le grand maréchal avait été grièvement blessé et fait prisonnier.

Mgr Puginier le visita à plusieurs reprises sur son lit de mort, pour essayer de le gagner au vrai Dieu. Il pria et fit prier pour le salut de cette pauvre âme ; mais tous les efforts de son zèle devaient échouer devant l'obstination du vieillard. Le grand maréchal avait trop de sang chrétien aux mains. Le 20 décembre, il mourut sans espérance, comme meurent les persécuteurs.

Aussitôt après sa victoire, Garnier réorganisa l'administration dans la province, installa les fonctionnaires, créa une milice avec les volontaires, dont le nombre s'éleva en quelques jours, à plusieurs milliers. Mais l'occupation de Hanoï ne suffisait pas pour assurer la tranquillité du pays et la liberté du commerce.

Le 23 novembre, M. Balny d'Avricourt, avec une canonnière et dix-sept fantassins commandés par le lieutenant de Trentinian, auquel on avait adjoint le docteur Harmand, partait pour Hung-yên, qui tomba en son pouvoir. Le

2 décembre, il s'emparait de Hai-dzuong, dont l'importance stratégique est considérable. « En une heure et demie, trente-deux Français enlevèrent, sans le secours du canon, une forteresse admirablement préparée pour la défense et d'un armement formidable; forteresse contre laquelle étaient venues échouer, dix ans auparavant, toutes les forces du prétendant royal. »

Pendant ce temps, un aspirant de marine, M. Hautefeuille, à la tête de quelques braves, s'emparait de Ninh-binh.

De son côté, Garnier ne restait pas inactif, il avait occupé Nann-dinh, citadelle d'une importance presque égale à celle de Hanoï, et l'on raconte que, montant à l'assaut et se voyant devancé par un matelot du nom de Robert, il lui avait crié joyeusement : « Passe pour aujourd'hui, mais que cela ne t'arrive plus. » Dans ce poste, il avait laissé le docteur Harmand, qui, avec vingt-cinq hommes, devait organiser et garder cette province de près de deux cent mille habitants. Ainsi, en quelques jours, Garnier et ses lieutenants avaient conquis et organisé près de la moitié du Tonkin.

On croit rêver en lisant de pareils récits.

Cependant, aidés des Pavillons-Noirs, les troupes annamites essayèrent de reprendre l'offensive et menaçèrent Hanoï.

En même temps arriva une ambassade envoyée par la cour de Hué, annonçant l'intention de traiter de la paix et d'accepter les propositions de Garnier. Cette ambassade était accompagnée de l'évêque de Hué, Mgr Sohier. Aussitôt, le commandant français, dans l'espoir du dénouement pacifique qui lui avait été enjoint, annonça la suspension des hostilités.

Sans tenir compte de cette amnistie, les Pavillons-Noirs s'avancèrent sous les murs de la capitale, et dans leurs rangs, on voyait des soldats de l'armée royale, ce qui ne prouvait que trop la complicité des mandarins.

Le dimanche 21 décembre, Garnier, qui avait commencé la journée en assistant à la messe de Mgr Puginier, s'était rendu avec lui chez les ambassadeurs annamites, lorsqu'on accourut l'avertir que les Pavillons-Noirs attaquaient la citadelle. Craignant de se laisser envelopper par cette trahison tout asiatique,

Garnier ordonna immédiatement une sortie, et, armé d'un revolver, s'élança à la poursuite de l'ennemi, que quelques coups de canon avaient mis en déroute.

Emporté par son ardeur, il avait dépassé ses soldats lorsque, le voyant seul, les fuyards s'arrêtent, se ruent sur lui, le renversent, lui coupent la tête et continuent leur course en emportant ce sanglant trophée.

Presqu'au même moment et de la même manière, mais sur d'autres points, étaient frappés M. Balny d'Avricourt et trois autres Français.

Les cinq têtes furent promenées dans tout le Delta, fortifiant l'insolence des mandarins et portant la terreur dans l'âme des chrétiens inclinés vers la France.

L'expédition avait perdu son chef, le jeune et chevaleresque héros de cette étonnante campagne était tombé, et avec lui son œuvre allait disparaître.

Sa mort jeta une profonde consternation et un moment d'effroi parmi ceux qu'elle appelait à prendre brusquement le commandement de l'expédition.

Ce fut alors que Mgr Puginier qui, du vivant de Garnier, s'était prudemment tenu en dehors des affaires, entra généreusement en lice pour relever le courage abattu des troupes et mettre au service de leurs officiers son expérience et son patriotisme.

Quand les Pavillons-Noirs eurent disparu à l'horizon, en emportant les têtes de Garnier, de Balny et des trois autres victimes, les troupes rentrèrent à leurs quartiers dans un état de démoralisation complète. M. Bain, commandant intérimaire, dit alors à Mgr Puginier :

« Monseigneur, puisque Garnier est mort, je vais de suite donner l'ordre d'embarquer pour descendre à Haiphong, et de là, repartir pour Saigon. »

M. Bain était, à ce moment, épuisé de fatigues et d'émotions. Bien qu'il fût deux heures et demie de l'après-midi, il était encore à jeun. L'évêque lui répondit :

— Mon cher ami, vous êtes trop fatigué en ce moment; commencez par déjeuner; puis, nous parlerons de la situation.

Quand le nouveau commandant se fut un peu restauré, l'évêque lui dit :

— M. Garnier est mort; c'est une très grande perte, mais somme toute, il manque seulement cinq hommes à l'appel; vous êtes donc matériellement aussi forts que ce matin. Si vous quittez Hanoï, l'expédition est perdue, et peut-être vous n'arriverez pas jusqu'à Haiphong; et puis l'abandon précipité serait une honte pour le drapeau français.

— Mais les troupes sont complètement démoralisées.

— Faites appel au dévouement de M. Dupuis; il vous aidera à sortir des premières difficultés, et, soutenu par lui, vous êtes maître de la situation, après comme avant le malheur.

M. Bain hésitait à réclamer l'assistance de Dupuis. Ce fut Mgr Puginier qui prit sur lui de l'appeler à la citadelle. Dès qu'il sut ce qu'on attendait de lui, l'explorateur se mit entièrement, avec sa petite troupe, au service de la France. Il envoya ses soldats voir si les Pavillons-Noirs s'étaient bien retirés et ne tentaient pas un retour offensif, puis il entra dans la citadelle avec ses cent cinquante Chinois et leur fit monter la garde pendant cette première nuit, pour donner aux soldats français le temps de se reposer et de se remettre un peu.

Pendant les jours de deuil et d'angoisse qui suivirent la catastrophe, MM. Bain et Esmez eurent continuellement recours à Mgr Puginier pour avoir des renseignements, pour expédier des courriers, pour se procurer tout le matériel nécessaire au soin de leurs blessés. — On peut dire, sans exagération, que l'évêque fut l'âme de l'expédition, pendant la période de dix jours qui s'écoula entre la mort de Garnier et l'arrivée de son successeur au Tonkin. Il prévint ainsi de grands malheurs et rendit à la France un service signalé, en sauvant une situation qui paraissait alors désespérée, mais qui en réalité ne l'était nullement.

En effet, sous la direction de M. Esmez, chargé des affaires politiques, les négociations continuaient avec les envoyés de la cour. Là encore, l'influence de Mgr Puginier, toute-puissante sur les mandarins, qui avaient confiance dans sa droiture et le consultaient avant de prendre une décision, facilita beaucoup la tâche du représentant de la France, et l'on aboutit à un projet de convention qui sauvegardait pleinement les droits et l'honneur de notre pays, en même temps qu'elle assurait très suffisamment la sécurité de nos partisans. Le **2** janvier **1874**, on était réuni à la maison des ambassadeurs pour échanger les signatures, lorsqu'arriva de Haiphong une dépêche signée Philastre, ordonnant de suspendre toute négociation jusqu'à son arrivée.

Le nom seul du nouveau plénipotentiaire indiquait un changement complet dans la politique.

Dès le lendemain de son arrivée, en effet, il ordonna à nos troupes d'évacuer toutes les citadelles qu'elles occupaient et de se concentrer à Hanoï; il déclara que Garnier avait agi sans ordre et considéra comme non avenue la convention élaborée entre M. Esmez et les ambassadeurs annamites. Pour trouver la cause de cette conduite étrange de M. Philastre, mais non pour la justifier, il faut l'expliquer d'après les tendances de son esprit : « Cet officier, venu en Cochinchine vers l'époque de la conquête, avait fait sa carrière dans l'administration coloniale, et en 1873, il était à la tête du service de la justice indigène. Dès le principe, il s'était voué à l'étude de la langue annamite officielle et des caractères chinois. Son esprit avait subi l'influence de cette étude absorbante; lettré, il avait pris les sentiments des lettrés, et s'était engoué de la civilisation sino-annamite. »

Aussitôt qu'il apprit l'existence de pareils ordres, Mgr Puginier alla voir M. Philastre pour lui représenter qu'une évacuation immédiate, et sans conditions, allait amener des catastrophes effroyables, que les chrétiens regardés, à cause de la communauté de foi, comme partisans des Français, en seraient les premières victimes, que tous ceux, païens ou chrétiens, qui avaient accepté, sur la parole de Garnier, de servir la France, se trouveraient compromis, que les mandarins annamites eux-mêmes se déclaraient impuissants à maintenir l'ordre dans leurs provinces, si on les évacuait avant qu'ils aient pu rassembler des troupes. La résolution de M. Philastre était irrévocablement prise avant son arrivée. Il répondit froidement à l'évêque qu'aucune considération ne le ferait dévier de sa ligne de conduite.

Instruits des sentiments de l'envoyé français, les lettrés annamites donnèrent libre carrière à leur haine contre les chrétiens; pendant dix jours, les exécuteurs se jetèrent sur les plus belles paroisses catholiques du Tonkin, massacrant les habitants, pillant et brûlant les maisons.

Vainement Mgr Puginier implora-t-il Philastre; à ses prières, l'administrateur ne répondit que par des impertinences, l'accusant d'être lui-même la cause de tous les désastres dont gémissaient les chrétiens, « il riait avec les mandarins des larmes du père de famille pleurant sur le sort de ses enfants, il dédaignait de lire ses lettres, et il osait écrire à Saïgon que le Tonkin était pacifié et tranquille! »

L'amiral Dupré, averti de la détresse de

l'évêque, n'eut pas le courage de prendre sa cause en main et feignit aussi de croire que cette revanche sanglante avait été suscitée aux chrétiens par leurs imprudences.

Cependant on tremblait, et non sans motifs, pour la grande communauté de Ké-so, qui renferme les principaux établissements de la mission. Sur les instances de Mgr Puginier, M. Philastre, après deux refus, se décida enfin à envoyer, le 18 janvier, un officier avec quarante-cinq hommes, pour protéger cet établissement, où se trouvaient alors réunis huit missionnaires français, quarante-cinq prêtres indigènes, le grand séminaire et de nombreux catéchistes; le lieutenant avait l'ordre absolu de limiter toute défense à la mission, et l'interdiction expresse de porter aucun secours aux chrétiens du village et des villages voisins, s'ils étaient attaqués.

Du reste, cette protection dérisoire ne dura pas. Dès le 31 janvier, la petite troupe était rappelée à la demande du second ambassadeur, qui garantissait à M. Philastre la tranquillité du pays.

Mgr Puginier, se voyant abandonné des hommes, se tourna du côté de Dieu. En commun avec ses missionnaires, il fit deux vœux au Sacré-Cœur : le premier, pour obtenir la préservation des établissements communs de son Vicariat ; le second, pour demander la cessation immédiate des massacres et des incendies. On peut dire qu'il fut miraculeusement exaucé. En pleine effervescence, les pillards, les meurtriers s'arrêtèrent, et l'ange exterminateur remit son glaive au fourreau. Tous les établissements de la mission furent intacts, et une seule petite chrétienté fut détruite à partir du jour où ce vœu avait été fait.

Le Vicariat du Tonkin occidental était néanmoins bouleversé de fond en comble, mais la rage des ennemis du Christ n'était pas assouvie : ils portèrent leurs efforts sur le Tonkin méridional, qu'ils couvrirent de ruines encore plus épouvantables. L'amiral Dupré s'émut enfin et essaya d'arrêter le flot destructeur ; dans le traité politique signé à Saïgon en 1874, il imposa une clause dont l'exécution loyale aurait assuré la liberté religieuse, mais qui parle de loyauté en Orient, ou du moins, qui s'astreint à ses lois ! Cependant, il restait un devoir à remplir à Mgr Puginier : crier vengeance contre les meurtriers, obtenir leur punition ; pour cela, il alla à Saïgon, et y demeura vainement pendant de longs mois.

Désespérant enfin de se faire rendre justice, mais sans perdre courage, il revint au Tonkin, écrivant à l'amiral cette lettre de patriotisme ardent et désolé :

« Je repars pour ma mission, la douleur dans l'âme, avec le regret de ne pouvoir apporter à mes chrétiens la consolation que la France compatit à leurs malheurs. Au lieu d'une assurance qu'elle leur fera rendre justice, je n'aurai à leur annoncer que cette triste nouvelle : il n'y a plus d'espoir pour la réparation des faits accomplis.

« J'aurai la honte d'entendre désormais reprocher à mon pays : les Français nous ont compromis ; ils ont été la cause du massacre de nos frères, de l'incendie de nos maisons, de notre ruine complète ; ils n'ont rien fait pour empêcher nos malheurs ; au lieu de nous protéger, de nous soutenir, ils nous ont fait passer pour des rebelles envers notre gouvernement. Les services que nous avons rendus nous ont été imputés à crimes. Parce que nous sommes faibles et que nous ne pouvons nous faire craindre, on refuse de nous entendre ; ceux qui voulaient plaider notre cause, n'ont pas été écoutés ; ceux qui devaient nous faire rendre justice, nous reprochent aujourd'hui d'avoir aimé la France, d'avoir prêté aide et assistance à ses soldats, quand ils se trouvaient dans une situation critique. Oui, Amiral, j'entendrai ces reproches faits à mon pays, et il me sera pénible de ne pouvoir y répondre, parce qu'ils ne sont que trop justes. Je me contenterai de baisser la tête et de rougir pour la France. »

CHAPITRE XII

Le calme après l'orage.

Le Vicaire apostolique, ne comptant plus que sur Dieu et sur lui-même, se mit résolument à l'œuvre, pourvut aux besoins les plus pressés, et releva le courage des siens.

Heureusement après l'ère des calamités que nous venons de raconter, les chrétiens eurent quelques années de repos comme pour leur laisser reprendre haleine et les préparer à de nouveaux désastres. Pendant cette période, le Tonkin respira, les missionnaires multiplièrent leurs efforts, les conversions augmentèrent, et le catholicisme monta comme une marée lente engloutissant le paganisme sous ses flots.

Mgr Puginier tourna ses efforts vers l'évangélisation des sauvages, qui étaient ses enfants aussi et dont l'abandon faisait gémir son cœur. En 1876, il préluda à cette œuvre en fondant une station chez les Muongs du Lac-tho, que l'insalubrité du climat n'avait permis de visiter qu'irrégulièrement. La création de ce poste fut le signal d'un rapide développement du christianisme.

Cette tendance était d'ailleurs générale, on eût dit que la persécution produisait son fruit de bénédiction.

Dès 1876, au lendemain des massacres, Mgr Puginier écrivait au séminaire de Paris : « Le mouvement de conversion des infidèles continue à se manifester sur plusieurs points de la mission : ici, ce sont des familles, là, des villages ou des hameaux qui demandent en masse à embrasser notre sainte religion. Dernièrement, huit villages sont venus me manifester le désir de se convertir. J'y ai envoyé une véritable caravane apostolique : un diacre et dix catéchistes. Leur arrivée a été saluée avec bonheur, et la semence divine, jetée dans des endroits jusqu'alors tout païens, promet de s'y propager de plus en plus. »

Aussi, en cette année, inscrit-il dix-huit cent

soixante-seize adultes au tableau des baptêmes ; en 1877, ce chiffre est porté à deux mille trois cent cinquante huit ; en 1878, à trois mille sept cent vingt ; en 1879, il atteint celui de cinq mille trois cent quatre-vingt-huit ; et avec des moyens plus développés, il se fût certainement élevé à sept mille. « Nous trouvant à bout de ressources, écrit le prélat, et les demandes d'admissions dans les catéchuménats devenant de plus en plus nombreuses, je fus effrayé, d'autant que nous traversions une crise très pénible, occasionnée par la famine ; nos établissements n'avaient plus de riz. Nous nous sommes donc vus dans la pénible nécessité de nous arrêter et d'ajourner l'admission de nouveaux catéchumènes. Tous, nous avons d'autant plus regretté l'obligation où nous nous sommes trouvés d'adopter cette mesure, qu'en ce moment, le mouvement devenait général. Il y avait alors, parmi les païens, comme une sorte de fièvre religieuse qui les poussait vers le christianisme. Il est bien à craindre que cet arrêt subit ne refroidisse les cœurs et n'arrête l'élan de la grâce. »

L'ennemi du genre humain ne pouvait assister à ce triomphe de la croix sans essayer de l'entraver, et il choisissait ses auxiliaires parmi les mandarins et les lettrés, qui multipliaient les vexations contre les catholiques.

« Ici, écrit Mgr Puginier, c'est un chef de canton influent et rusé qui, aidé de plusieurs compères hostiles et méchants, a réussi à faire un grand mal. Encouragé secrètement par un sous-préfet habile, mais ennemi des chrétiens, il a, par ses menées, empêché la conversion de plus de deux cents personnes. Ailleurs, c'est un sous-préfet qui, avec la connivence des notables de la localité, persécute ouvertement les néophytes et ceux qui se préparent à le devenir. Mais, grâce aux réclamations énergiques du consul de France à Hanoï, justice a été enfin rendue aux chrétiens. Dans d'autres localités, nous avons été moins heureux. La haine et l'argent l'ont emporté en fermant les yeux à la vérité et les cœurs à la justice.

« Tout en paraissant vaincus, nous allions quand même de l'avant, et nous gagnions toujours du terrain. Le bruit de nos luttes, se répandant dans le pays, produisait un retentissement favorable à la foi chrétienne, et le plus souvent même, nos défaites nous annonçaient de nombreuses et nouvelles conversions.

« Tout cela, conclut pieusement l'évêque, nous a occasionné bien des sollicitudes et bien des ennuis; mais nous savons que ces épreuves ne nous sont venues que par la permission de Dieu et qu'elles entrent dans les desseins de la divine Providence. D'ailleurs, nous comprenons que le bien ne se fait pas sans peine, et qu'acheté au prix de la souffrance et de l'humiliation, il est plus solide et plus durable. »

En ces jours, trop souvent une simple dénonciation faite par un païen suffisait à motiver l'arrestation d'un néophyte ; les mandarins n'étaient pas dupes de ces accusations, et ordinairement la liberté était rendue aux incriminés presque sans interrogatoires, mais les longs mois d'emprisonnement préventif qui leur étaient infligés les avaient effrayés, parfois ruinés, et l'effet moral était produit.

La timidité et la foi chancelante des nouveaux chrétiens amenèrent quelques rares défections; mais presque tous, soutenus par la grâce divine, résistèrent également aux promesses, aux menaces, aux tortures mêmes, car les coups de rotin ne leur étaient pas épargnés, et l'on cite un courageux athlète qui, dans la crainte de faiblir, se trancha sans hésiter tous les doigts de la main droite, afin d'être dans l'impossibilité de signer l'acte d'apostasie qu'on lui présentait.

L'œuvre du baptême des enfants païens mettait aussi de bien douces joies au cœur du Pasteur : en quinze ans, sept cent quatre-vingt-six mille six cents jeunes âmes avaient été régénérées dans l'eau sainte, la plupart de ces petits anges avaient de suite pris leur essor vers le ciel, les autres se pressaient dans les orphelinats ou bien étaient adoptés par des familles chrétiennes.

En même temps, Mgr Puginier travaillait à réaliser un des beaux rêves de sa vie apostolique : élever en l'honneur de Marie Immaculée une église, qui proclamât au loin la grandeur de la religion, jusqu'ici cachée dans de pauvres cabanes ou d'humbles chapelles. Les Annamites aiment la pompe extérieure; pour eux, elle fait partie intégrante du culte, l'évêque profita de ce sentiment et fit appel à la foi et à la charité de ses chrétiens; tous répondirent avec empressement et générosité; d'outre-mer, quelques offrandes vinrent également; cent trente mille francs furent ainsi réunis; ce n'était pas énorme, et pourtant bientôt s'éleva à Ké-so une cathédrale catholique, à cinq nefs, vaste, haute, de belles proportions, ornée de deux tours dominant la plaine et dont se glorifierait plus d'une ville de France.

« La décoration intérieure de la cathédrale répond aux proportions majestueuses du temple; tout le pourtour du sanctuaire et les deux bras du transept sont recouverts, de la base au sommet de l'édifice, d'un magnifique revêtement en bois dur du Tonkin, sculpté et découpé à jour; les trois autels majeurs, la chaire à prêcher, les niches des statues et généralement tout l'ameublement est dans le même style. Ce merveilleux travail de patience, qui serait d'un prix inestimable en Europe, produit à l'œil l'impression d'une dentelle de menuiserie, et, reculant la perspective des murs, donne à l'ensemble de l'édifice je ne sais quoi d'aérien et de vaporeux, impression que vient encore fortifier le beau vitrail qui décore les trois fenêtres de l'abside [1]. »

C'est là sous le regard de Marie que son grand serviteur viendra dormir son dernier sommeil.

Mais hélas! tout bonheur humain, même le plus saint, est mêlé d'amertume. Le prélat fut réveillé de la joie que lui causait la consécration de sa cathédrale par la secousse d'un effroyable typhon s'abattant sur son Vicariat.

Les ravages furent immenses, les chapelles, les collèges, les maisons furent renversés ou arrachés, et la mission se couvrit encore de ruines.

Voici en quels termes Mgr Puginier expose ces désastres aux directeurs du Séminaire des Missions-Étrangères : « A la communauté de Ké-so, nous avons eu une dizaine de maisons renversées; les autres ont résisté, grâce aux colonnes en bois de fer dont le pied est enterré

1. *Vie de Mgr Puginier.*

à une profondeur de soixante centimètres. Le collège de Hoang-nguyên a été abîmé, et il est à refaire à neuf, à l'exception de la chapelle et d'un petit nombre de maisons qui sont restées debout, mais qui demandent des réparations considérables. J'ai déjà remis 10,000 francs pour l'achat du bois et les travaux les plus pressants, car il faut, coûte que coûte, que le collège soit relevé à la fin de décembre, pour que l'année scolaire ne soit pas entièrement perdue.

« Nous avons eu vingt-quatre chefs-lieux de paroisses à peu près entièrement détruits, et plusieurs autres ont été fortement endommagés. Nos prêtres, déjà bien pauvres et encore endettés par deux années de famine, se trouvent dans la plus grande nécessité. Je leur ai envoyé de suite un peu d'argent, pour élever quelques cabanes avec les débris de leurs maisons et nourrir leur personnel; mais il m'est absolument impossible de subvenir à tous leurs besoins. Une grande partie de leurs effets, de leurs ornements, de leurs provisions de riz et autres choses nécessaires à la vie ont été perdues ou avariées par l'eau de pluie.

« Le chiffre des églises ou chapelles abattues par le vent dépasse deux cents, et nos chrétiens ne pourront en élever de neuves d'ici plusieurs années, car ils ont souffert, eux aussi, au delà de toute expression. Voilà donc plus de deux cents chrétientés, dont un grand nombre sont très populeuses, qui resteront longtemps privées d'églises pour entendre la messe et réciter leurs prières.

« Ce typhon a fait des ravages très considérables dans toute l'étendue des deux provinces de Hanoï et de Nam-dinh. Sur une ligne qui comprend **22** lieues de longueur et **3** de largeur, il y a eu au moins les cinq sixièmes de maisons renversées. Nous avons sur cette ligne de terrain dix paroisses avec une population de trente mille âmes. Jugez du désastre.

« Quant au reste du pays ravagé, qui comprend une population chrétienne de cinquante mille âmes, le nombre des maisons abattues est des deux cinquièmes environ. Celles qui restent debout ont été fortement avariées.

« Les deux provinces les plus éprouvées sont

justement celles qui ont été dévastées par les lettrés en 1874, et qui ont eu le plus à souffrir des deux années de famine, 1879 et 1880. La mission se trouvant dans une très grande gêne, je me suis vu forcé de laisser nos chrétiens dans la misère, sans pouvoir leur venir en aide, et j'ai dû me contenter de secourir un peu les prêtres, moyennant une somme que j'ai empruntée, avec l'espoir de voir arriver de France quelques secours particuliers.

« Vous voyez que les épreuves ne nous manquent pas, mais nous sommes loin de nous en plaindre, et nous continuons à travailler. Nous n'ignorons pas que l'œuvre de Dieu n'est jamais plus solide que quand elle est fondée sur la croix. La tribulation purifie, elle préserve contre la satisfaction naturelle que la vue du bien opéré pourrait faire naître dans l'homme, elle rend plus agréable à Dieu, qui ne laisse souffrir que parce qu'il aime, et elle attire de nouvelles grâces. Du reste, nos missionnaires et les prêtres indigènes me donnent l'exemple de la résignation et de la conformité à la volonté de Dieu. Je n'en ai pas vu un seul, de ceux qui ont été le plus éprouvés par ce dernier typhon, se plaindre de son malheur. »

Dans ces dernières lignes, on peut admirer tout entière l'âme du pieux évêque, avec le secret de son inaltérable patience, de sa parfaite tranquillité, au milieu des nombreuses épreuves de son épiscopat.

Aussi n'y a-t-il rien d'étonnant dans le jugement que sir Robertson, le consul anglais de Canton, portait sur lui.

« Mgr Puginier est un homme d'une quarantaine d'années ; il en a déjà passé dix-huit au Tonkin, et il est probablement destiné à y finir ses jours, aucun missionnaire catholique ne se rapatriant, à moins de circonstances toutes spéciales. Cette perspective de mourir loin de sa patrie et de sa famille le laisse d'ailleurs dans une sérénité complète : « Mes prédécesseurs sont morts à leur poste, dit-il, c'est mon devoir de faire comme eux. »

CHAPITRE XIII

Le Laos.

J'ai dit que l'âme de Mgr Puginier était invinciblement attirée par l'évangélisation des sauvages et qu'une première station fondée chez les Muongs avait produit d'heureux fruits, mais ce n'était point assez pour la sainte ambition de l'évêque, et en 1878, il dirigea ses regards vers le Laos, dont l'accès semblait défendu par des forêts inextricables et un climat meurtrier.

Le Laos est une immense région, aux limites mal définies, bornée par la Chine, le Tonkin, la Birmanie et le royaume de Siam. C'est un pays montagneux, sillonné en tout sens par des torrents et des rivières.

Les montagnes en sont peu élevées, mais hérissées de forêts épaisses, dans lesquelles il faut l'instinct et le pied des sauvages pour se frayer un sentier.

Les habitants, sang mêlé, issus d'Indiens, d'Annamites et de Chinois, offrent un type particulier, où se retrouvent également la race jaune et la race noire.

Clairsemés dans leur vaste pays, les Laotiens sont insouciants, apathiques, paresseux, hospitaliers et doux, les femmes travaillent, les hommes dorment, causent et fument; leurs besoins sont si peu nombreux! un peu de riz pour nourriture, et si le riz manque, du manioc ou quelques pousses de bambous, comme vêtement un lambeau d'étoffe, et si la cotonnade fait défaut, combien peu ils s'en inquiètent! De religion point, sauf la croyance aux génies et aux esprits malfaisants, qu'ils redoutent beaucoup.

Mgr Puginier voulait pour le Christ ces milliers d'âmes placées sous sa juridiction et ignorant encore la bonne nouvelle; il chercha parmi ses prêtres les plus hardis pionniers, car nul mieux que lui n'avait le don d'approprier l'instrument au travail;

son choix fut guidé par une circonstance particulière. Un de ses missionnaires, M. Fiot, au Tonkin depuis de longues années, désirait porter au Laos le nom de Jésus-Christ ; il s'en ouvrit à l'évêque qui, lui trouvant les qualités requises pour ce périlleux labeur, accepta son offre.

L'expédition apostolique eut des débuts difficiles. « Elle se mit en route le 3 novembre, et arriva à Luc-canh, le 8 décembre, après un voyage pénible, mais sans accidents sérieux. Ce hameau est très avancé dans la chaîne de montagnes qui longe le Tonkin, mais il n'est qu'à une journée de chemin du premier village laotien. C'est là que M. Fiot a établi son premier poste. L'endroit, d'ailleurs, est bien choisi ; situé sur les bords d'un fleuve, les communications avec les peuplades sauvages y sont faciles ; au point de vue de la salubrité, il laisse moins à désirer que les autres.

« Les principaux chefs du village virent de mauvais œil arriver les apôtres de la religion ; ils essayèrent même de mettre des entraves à leur établissement en défendant aux habitants de leur vendre des vivres et de leur fournir des ouvriers. Mais le missionnaire, par sa prudence et sa fermeté, sut vaincre les premières difficultés et réussit à faire comprendre aux populations qu'elles n'avaient rien à craindre des nouveaux venus ; ceux qui par méfiance, les avaient d'abord évités se rapprochèrent d'eux; des villages environnants, on vint les visiter; puis les peuplades laotiennes envoyèrent à leur tour des députations auprès de ces personnages extraordinaires pour s'enquérir du but de leur voyage.

« Le missionnaire et tous ses gens ont été gravement éprouvés par la maladie; mais, grâce à Dieu, personne encore n'a succombé. Bien que le travail d'acclimatement ne soit pas terminé, j'espère que le bon Dieu protègera ses serviteurs et leur donnera les forces suffisantes pour remplir l'œuvre pénible à laquelle ils se sont dévoués.

« Cette mission a été mise sous la protection spéciale de saint Joseph, et c'est le jour de la fête de ce grand patriarche que le premier catéchumène a été baptisé. Nous ne nous faisons pas illusion sur les difficultés nombreuses que nous rencontrerons dans notre entreprise, mais nous mettons notre confiance en Dieu, et nous nous abandonnons entièrement à sa Providence.

La Providence ne pouvait manquer à qui se reposait ainsi sur elle.

Le premier poste de Luc-canh fut cependant réfractaire à la grâce et dut être bientôt abandonné, mais, sur ces entrefaites, un Laotien de Na-ham, étant allé trouver M. Fiot, lui raconta que trois ans auparavant, un devin lui avait dit : « Dans quelque temps viendra s'établir ici un prédicateur de la religion ; il sera d'une taille élevée, sa figure sera blanche et légèrement rose, ses doigts seront longs ; il faudra l'écouter et le suivre, parce qu'il vous enseignera de bonnes choses. »

Or, M. Fiot répondait assez bien à ce portrait. Aussi le Laotien lui demanda-t-il à être instruit et le sollicita-t-il de le suivre dans sa tribu.

Le missionnaire y consentit, s'établit à Na-ham, et bientôt les sauvages accoururent de toutes parts en quête de la parole évangélique.

La mission était fondée. De nouveaux prêtres y furent envoyés, accompagnés par des séminaristes annamites, pieux et vaillants auxiliaires qui avaient sollicité ce poste d'honneur. Au Tonkin, on priait avec ferveur pour les Laotiens, et au Laos, on travaillait avec zèle, mais la fièvre des bois avait fait déjà son apparition, frappant les courageux apôtres.

Le premier parmi les Européens, M. Fiot y succomba.

En mourant, il eut la consolation de laisser derrière lui une mission fondée, plusieurs chrétientés établies, trois chapelles édifiées, cinq cents adultes baptisés, trois cents catéchumènes, huit à dix mille demandes de conversions. Il avait déjà fait des travaux précieux sur la langue du pays, composé en laotien un abrégé des principales vérités catholiques, traduit les prières les plus usuelles, recueilli une foule de renseignements utiles à ses successeurs, acquis aux missionnaires une influence très considérable sur les populations du Laos : « J'ai perdu, écrivait Mgr Puginier, un homme de grand cœur et que je regrette vivement. Lui seul connaissait à fond l'état des choses, lui seul pouvait me donner les renseignements qui doivent me guider dans les mesures à prendre pour le développement de la mission du Laos. »

Un autre missionnaire, de grande expérience et de cœur vaillant, M. Perreaux lui succéda, il partit avec trois jeunes prêtres et trente catéchistes, et fonda une seconde station, malgré les efforts et les attaques des brigands soudoyés par les lettrés du Tonkin.

Bientôt quinze cents néophytes et trois mille cinq cents catéchumènes se trouvèrent groupés autour des prédicateurs de l'Evangile. Mais la mort frappait sans relâche, emportant les catéchistes et les prêtres. MM. Perreaux, Tisseau et Thoral, succombèrent pendant l'année 1881. Admirable d'esprit de foi et de sacrifice fut leur trépas. MM. Perreaux et Tisseau brisés par la fièvre, étaient couchés l'un près de l'autre dans une pauvre cabane laotienne, entourés de quelques chrétiens incapables de leur donner aucun soin; quand ils sentirent l'heure suprême approcher, M. Tisseau se leva péniblement, soutenu par deux ou trois des assistants, et essaya d'administrer à son supérieur le sacrement des mourants. A peine avait-il commencé les dernières prières qu'il retomba presque inerte entre les bras de ses aides ; par un extraordinaire effort de volonté, il se releva, acheva ses saintes fonctions, et, épuisé, s'étendit auprès du moribond : trois jours plus tard tous les deux étaient morts.

Cinq mois après, M. Thoral se couchait à son tour dans la tombe. N'ayant aucun prêtre près de lui pour l'assister dans le dernier passage, il s'étendit paisiblement sur la planche qui lui servait de lit, passa lentement ses doigts amaigris dans sa barbe grisonnante comme s'il se préparait à une visite solennelle, fit un grand signe de croix, expression de son héroïque résignation et croisant les bras sur sa poitrine, il ferma les yeux pour toujours.

La fièvre n'épargna pas davantage le personnel de la mission, neuf catéchistes et deux servants succombèrent. Devant la mort qui décimait ses prêtres, ses fils, Mgr Puginier s'inclina douloureusement ému, mais toujours persévérant, il envoya de nouvelles phalanges.

Sous leurs efforts, les conversions se multiplient, les catéchumènes sont cinq mille, les néophytes huit mille, la joie et l'espérance renaissent partout, et l'évêque peut croire au succès définitif de l'œuvre de ses missionnaires qui est aussi la sienne.

---

en
av
Av
che
con
act
sou
sér
gra
Ceu
la
Mg
sen
prie
pen

CHAPITRE XIV

Mgr Puginier et l'expédition Rivière.

Cette constance de Mgr Puginier dans ses entreprises, cette patience dans les épreuves avaient leur source dans un grand esprit de foi. Avant tout, en effet, il était l'homme du devoir et cherchait Dieu en toutes choses, le plaçant comme le principe et la fin de chacune de ses actions. Ce sentiment était en lui si vif que souvent on s'étonnait de son calme et de sa sérénité au milieu des préoccupations les plus graves, des épreuves les plus cuisantes. Ceux qui connaissaient bien l'évêque savaient la raison dernière de cette paix profonde, et Mgr Puginier lui-même nous l'a dite :

« Jamais, disait-il, je ne garde si bien la présence de Dieu que dans les tracas ; quand je prie ou dis mon office, j'oublie tout pour ne penser qu'au bon Dieu. »

La régularité la plus parfaite, une régularité quasi monacale, présidait à ses occupations et surtout à ses exercices de piété; chaque matin, après une fervente préparation, il célébrait la sainte messe avec une onction et une dignité vraiment sacerdotales; dans la journée, il retournait s'agenouiller longuement devant l'hôte divin du tabernacle, lui confiant ses peines et puisant auprès de lui, lumière, force et courage pour la tâche quotidienne, et il terminait invariablement la soirée par la récitation du chapelet, joignant celui de Notre-Dame des Sept-Douleurs au rosaire.

A son culte pour la sainte Vierge, qu'il aimait vraiment comme sa mère, pour le Sacré-Cœur et pour saint Joseph, il joignait une profonde dévotion aux âmes du purgatoire, mettant volontiers ses entreprises sous leur protection, multipliant les prières en leur honneur et leur attribuant les mérites et les indulgences qu'il était empressé de gagner.

Le zèle qui l'animait pour sa propre sanctification, il l'éprouvait aussi pour ceux dont la Providence lui avait commis la garde, pour ses prêtres et ses catéchistes, à la formation desquels il apportait un soin particulier, prêchant toujours lui-même et présidant leurs retraites, puis pour tous ses chrétiens, aussi bien les aînés de la famille que les convertis de la dernière heure, prenant en main leur cause spirituelle et temporelle, les défendant contre les vexations et n'épargnant aucune peine pour leur venir en aide.

C'était surtout dans ses tournées pastorales qu'il dévoilait l'étendue de sa charité; toujours le premier comme le dernier au confessionnal, toujours prêt à recevoir tous ceux qui assiégeaient sa demeure et à subir sans impatience les lenteurs et les préambules interminables du vocabulaire de la politesse asiatique.

Parlant facilement et élégamment la langue annamite, il avait un mot aimable pour chacun, laissait en souvenir un chapelet ou une médaille, glissait un bon conseil, même un reproche que sa bienveillance savait faire accepter, et tous le quittaient charmés, emportant au cœur le parfum de vertu qui s'échappait de lui.

Cette bonté n'était pas faiblesse, loin de là; il tenait d'une main ferme le bâton pastoral, il demandait volontiers conseil, réfléchissait longuement avant de prendre une décision, mais, son opinion formée, il devenait inflexible, il savait alors attendre, tourner les difficultés, mais il ne reculait jamais.

A l'époque où nous sommes, ces qualités et ces vertus vont devenir plus éclatantes, car les grands périls sont arrivés, ceux qui mettent en évidence toute la valeur des hommes.

La France avait perdu son prestige au Tonkin, la Chine se refusait à reconnaître les droits donnés par le traité conclu à Saïgon en 1874, le roi d'Annam Tu-duc se moquait ouvertement de nous, la position n'était plus tolérable ; pour en sortir et faire respecter le nom Français, une manifestation capable d'effrayer la cour de Hué, s'imposait, et la reprise de l'expédition fut résolue. Mais on lui rêvait encore un caractère pacifique et conciliant, et c'est dans ce sens que le commandant Rivière reçut ses instructions en quittant Saïgon pour se joindre au corps d'infanterie de marine placé à Hanoï sous les ordres de M. Berthe de Villers.

Arrivé au Tonkin, Rivière, bien qu'assez mauvais pratiquant et nullement clérical, ne voulut pas se priver de l'appui moral de Mgr Puginier auquel il adressa la lettre suivante :

« Hanoï, le 14 avril 1882.

« Monseigneur,

« M. Thomines, enseigne de vaisseau, se rend avec une chaloupe à vapeur, à Phat-diêm, à la rencontre de la canonnière *La Fanfare*, et doit s'arrêter à Ké-so pour vous saluer de ma part.

« Mais je tiens, Monseigneur, à vous exprimer moi-même et dès à présent, en attendant que je puisse le faire de vive voix, mes sentiments de filial et profond respect.

« H. Rivière. »

En voyant arriver Rivière avec cinq cents hommes de renfort, l'attitude des grands mandarins de Hanoï était devenue nettement hostile. Le gouverneur de la province ne daigna même pas lui rendre sa visite ; il s'empressa d'interdire à tous les Français l'entrée de la citadelle, qu'il mit aussitôt en état de défense, et appela des provinces du nord, des troupes nombreuses pour lutter contre nos soldats.

Rivière, enfermé avec une poignée d'hommes dans la concession française, se vit bientôt en péril, et, pour assurer la sécurité de ses hommes, il fut forcé d'envoyer au gouverneur un ultimatum, exigeant la remise provisoire de la citadelle de Hanoï aux Français, et le renvoi des troupes nouvellement arrivées. Celui-ci ayant refusé, le 25 avril, après un bombardement de deux heures, qui fit sauter la poudrière, Rivière se lança avec ses troupes à l'assaut de la citadelle et s'en empara, après une demi-heure de combat. Le gouverneur s'était suicidé pour ne pas survivre à sa honte. Le soir même, on commença à démanteler la citadelle, qui fut remise ensuite aux Annamites, à l'exception de la pagode royale, où nos troupes se casernèrent.

Ainsi en quelques instants, par un de ces coups

d'audace, dont les Français sont coutumiers et qui se content comme une légende, la citadelle de Hanoï était de nouveau tombée entre nos mains, mais là n'était pas la plus grande difficulté, il fallait assurer la conquête; or, le gouvernement chinois, sans vouloir être mis directement en cause, soudoyait les Pavillons-Noirs; les mandarins appelaient aux armes, préparaient la défense, ourdissaient la trahison, et Mgr Puginier avertissait le commandant du danger en lui recommandant la prudence.

Bientôt, Rivière, serré de plus en plus par les Pavillons-Noirs, dut s'emparer de Nam-dinh par un second coup de main aussi hardi et aussi heureux que le premier; il essaya ensuite de dégager ses communications du côté de la mer, il n'y réussit pas complètement; Hanoï était cerné, les brigands y pénétraient même chaque nuit, pillant les maisons des chrétiens et attaquant la mission dont ils furent plusieurs fois repoussés.

« Dans la nuit du 15 au 16 mai 1883, écrit Mgr Puginier, immédiatement après la prière, un cri d'alarme se fait entendre. Les Pavillons-Noirs étaient déjà dans notre enclos. Cette fois ils s'étaient cachés depuis la tombée de la nuit, dans la maison commune du village païen.

« En quelques instants, ils avaient fait dans la haie une entaille suffisante, pour s'ouvrir un passage, et ils se trouvaient dans notre jardin pêle-mêle avec le poste qui gardait de ce côté, Heureusement la nuit empêchait de se reconnaître.

« Le moment était critique et solennel.

« Cependant, arrivés à la cour formée par les deux maisons parallèles, les Pavillons-Noirs, n'osèrent se hasarder à y pénétrer, sans être sûrs d'être en nombre.

« On venait en effet, de tirer de nos maisons, mais on avait eu soin de tirer en l'air, pour ne pas tuer les nôtres. Ces coups de feu étonnèrent les Pavillons-Noirs et les empêchèrent d'entrer, tandis que les nôtres en profitaient pour pénétrer à la hâte dans les maisons. Les portes furent aussitôt fermées et barricadées solidement. Alors, de part et d'autre, commença un feu nourri. Les assaillants, appartenant aux

Pavillons-Noirs, étaient quatre cents environ, divisés en trois bandes, ayant chacune sa trompette. Ils étaient soutenus par des troupes irrégulières annamites, restées en dehors, pour empêcher que, de la citadelle, on ne vînt à notre secours. Un autre corps de Pavillons-Noirs était placé en embuscade sur la route de la concession, afin d'arrêter les troupes françaises dans le cas où le commandant Rivière aurait voulu nous dégager. C'était un plan d'attaque complet et habilement dirigé.

« Les Pavillons-Noirs, armés de bon fusils se chargeant par la culasse, cernaient de plus en plus la maison ; ils étaient déjà arrivés aux varandes du rez-de-chaussée ; il ne restait plus qu'à enfoncer les portes ou à y mettre le feu ; mais les matelots, armés de leurs fusils à répétition, étaient postés avec les missionnaires sur les balcons et tiraient à bout portant. Ils étaient tellement calmes qu'on eût dit qu'ils ne voyaient pas le danger ; aussi visaient-ils très bien, et leurs coups portaient juste. L'action a été très animée des deux côtés pendant deux heures. Deux Chinois, dont un chef, furent percés de plusieurs balles et tombèrent morts.

« Le lendemain matin, lorsque le jour fut venu, on trouva leurs cadavres à côté des colonnes de la maison. Plusieurs autres ont été atteints, et les alentours de la maison avaient de grandes traînées de sang.

« En sortant de chez nous, ils mirent le feu à la rue des chrétiens et à l'église paroissiale, d'où ils emportèrent une statue dorée de la sainte Vierge, qu'ils pendirent à un arbre dans leur campement, en lui attachant des deux côtés de la tête des oreilles qu'ils avaient coupées à un enfant chrétien. Après le 19 mai, ils fixèrent aux branches d'alentour les képis et les casques des officiers tués dans le combat. »

Le commandant Rivière réclamait en vain à Saïgon des secours suffisants pour rester maître de la position, on ne lui en expédiait pas, et il n'avait à compter que sur ses propres forces. Les pirates harcelaient ses troupes, et s'étaient retranchés non loin de Hanoï. Rivière résolut alors de faire une sortie pour les refouler.

C'était le 19 mai, les Français se mirent en marche au point du jour. Ils étaient cinq cents à peine, mais ils avaient l'espérance et la confiance au cœur; sans coup férir, ils enlevèrent un premier retranchement; cependant l'ennemi sort en masse compacte d'un village voisin, et nos troupes rétrogradent.

« Alors, écrit Mgr Puginier, de trois côtés, commença à pleuvoir une grêle de balles, que nos soldats durent subir sans se déployer en tirailleurs, car ils suivaient une chaussée ayant moins de trente mètres de large. Le chef de bataillon de Villers fut mortellement blessé, et put être emporté, grâce à la voiture que lui offrit généreusement le commandant Rivière. L'action était vive de part et d'autre; mais les troupes ennemies se comptaient par milliers, et les Pavillons-Noirs, munis en grand nombre de bons fusils européens, nous débordaient sur trois faces à la fois. Le commandant, se trouvant au point le plus exposé au feu de l'ennemi, fut frappé de plusieurs balles, au moment où il s'occupait à dégager une pièce de campagne en danger d'être prise. Malheureusement il ne put être emporté, car en même temps, plusieurs officiers et soldats qui combattaient à ses côtés furent tués ou blessés. Les principaux chefs et presque un cinquième de l'effectif ayant été mis hors de combat, on dut battre en retraite. Les pertes furent de quatre officiers tombés sur le champ de bataille ou morts à la suite de leurs blessures, trente soldats tués et une cinquantaine plus ou moins grièvement blessés. Un très petit nombre de ces derniers succombèrent. Du nombre des victimes fut le commandant de Villers, dont je tiens à vous rapporter la mort chrétienne. Ramené à la concession, il reçut les sacrements en pleine connaissance, et avant de rendre le dernier soupir, il dit au missionnaire qui l'assistait : « Ecrivez à ma femme que je meurs en soldat et en chrétien. »

« Tous les morts restèrent sur le champ de bataille, au pouvoir de l'ennemi, qui coupa les têtes pour en faire des trophées. Ces têtes furent salées, suspendues aux arbres, où elles restèrent plusieurs jours, exposées à la vue du public, dans le camp des Pavillons-Noirs.

« L'échec était sérieux, au point de vue mora surtout, et la religion catholique en devait la première porter la peine. Dès le lendemain, 20 mai, un missionnaire du Tonkin, M. Béchet, fut massacré avec quelques chrétiens.

« Le P. Béchet avait vingt-sept ans; bien des fois il avait rêvé de mourir, non qu'il fût las de vivre, mais il lui semblait que sa mort serait féconde. Prosterné aux pieds de son crucifix dans sa petite cellule de séminariste, il avait traduit par un chant les hauts et saints élans de sa pensée[1] :

César, tu veux en vain me traîner dans l'arène,
Et de mon corps sanglant faire hommage au bourreau
Je ne crains pas tes coups, tes menaces, ta haine,
Mon âme vole à Dieu par delà le tombeau.

« Ce jeune missionnaire, arrivé depuis deux ans seulement au Tonkin, était malade, et forcé de s'abstenir de tout travail, il utilisait ses loisirs forcés en visitant ses confrères. Ce jour-là, après sa messe, il se rendait chez l'un d'eux, suivi de ses trois catéchistes et de deux

1. La Société des Missions-Etrangères pendant la guerre du Tonkin.

chrétiens de la paroisse. En traversant un village tout païen, il fut arrêté par une bande de soldats, qui, sachant que le grand mandarin militaire de Nam-dinh venait de lancer une circulaire par laquelle il promettait trente barres d'argent (environ 3,000 francs), à qui lui amènerait un Européen, se saisirent du missionnaire pour le livrer à leur chef. »

Celui-ci, fils d'un des massacreurs de 1874, était un ennemi acharné du christianisme. Après un interrogatoire sommaire, il condamna le prêtre de Jésus-Christ à être décapité avec tous ceux qui l'accompagnaient. Laissons encore Mgr Puginier nous redire les derniers moments du martyr :

« Le P. Béchet, d'abord garrotté au moment de l'arrestation, avait été débarrassé de ses liens et marchait avec assurance. Au bout de quelques minutes, la petite troupe arrive à l'endroit désigné pour l'exécution. C'est un moment solennel : les bourreaux sont là avec leurs sabres; la dernière heure de la vie est arrivée, et l'éternité s'entr'ouvre. O précieux moments! Dieu seul connaît ce qui s'est passé alors dans le cœur du missionnaire et des autres victimes vouées à la mort. Quels vifs sentiments de foi, de repentir, d'amour, de confiance en Dieu et en Marie ils ont lancés vers le ciel!

« Les soldats voulaient commencer par le Père; mais ses catéchistes se jettent sur lui, pour l'embrasser et le couvrir de leur corps. Le missionnaire demande un moment de répit; il se recueille, fait une dernière fois le sacrifice de sa vie, et, plein d'espoir, il se jette entre les bras de son Sauveur. Mais il est ministre de Dieu, et à ce titre, il a un suprême devoir à remplir. Il dit aux catéchistes de se prosterner et de s'exciter au repentir. Ceux-ci obéissent aussitôt et récitent ensemble l'acte de contrition à haute voix, à l'étonnement de tous les spectateurs. Pendant ce temps, le prêtre debout, la main levée, leur donne en commun une dernière absolution. Cet acte solennel accompli, les soldats, contrairement à leur premier dessein, décapitèrent d'abord les compagnons du Père; ils ne reçurent chacun qu'un ou deux coups de sabre.

« Vint ensuite le tour du missionnaire. Comme on voulait le lier, il demanda à rester libre, et il s'assit tranquillement, présentant sa tête au bourreau. Après quelques coups de sabre, il s'affaissa, et l'on continua à le frapper. Le supplice dura longtemps, car ce n'est que lorsque le cou fut littéralement haché, que la tête se sépara du tronc.

« Pendant que le mandarin exécutait cet affreux carnage, on se saisit d'un chrétien qui n'était pas de la suite du Père, et qui fut reconnu à son scapulaire. A une première question, s'il était chrétien, il confessa la foi; on lui demanda alors ce qu'il faisait là; il répondit qu'il cueillait des fleurs pour les offrir à la sainte Vierge. Le mandarin ordonna aussitôt de lui couper la tête.

« Un quatrième chrétien, ayant appris qu'un missionnaire venait d'être décapité, ne consultant que son dévouement, partit aussitôt pour se rendre au lieu de l'exécution, dont il était éloigné de trois kilomètres. Il voulait avoir des renseignements et prendre le corps du Père pour l'ensevelir. En vain plusieurs personnes avaient essayé de le dissuader; il s'était mis en route, en récitant son chapelet. Arrivé au lieu de l'exécution, il fut arrêté par les soldats du mandarin qui lui dirent : — Es-tu chrétien? veux-tu abjurer ta religion?

— « J'adore Dieu en trois personnes, répondit-il. C'est ce Dieu qui m'a créé. Je n'oserais pour rien au monde fouler son image aux pieds. Si le mandarin n'a pas pitié de moi et me fait tuer, je suis prêt à souffrir la mort.

« A un second interrogatoire, il fit courageusement la même réponse. Il fut condamné à mort; on lui proposa une troisième fois l'apostasie; toujours même refus. Arrivé au lieu de l'exécution, il demanda un moment pour se recueillir et prier, ensuite il se livra au bourreau.

« Les huit têtes furent envoyées à un mandarin supérieur, qui refusa de les recevoir et les fit remettre à une pieuse femme. Celle-ci les reçut avec vénération, déposa la tête du Père à part dans une caisse, en l'entourant de fleurs; celles des autres victimes furent placées ensemble dans deux grands paniers, aussi au milieu de fleurs. Lorsqu'au bout de cinq jours, il fut permis d'enlever les cadavres, chaque tête fut réunie à son corps, et le curé de la paroisse fit aux martyrs du Christ des obsèques solennelles. »

La persécution semblait devoir s'étendre rapide et implacable dans le Tonkin tout entier, un fait d'une gravité exceptionnelle l'arrêta. Tu-duc mourut le 17 juillet, après trente-cinq ans d'un règne souvent criminel et toujours malheureux. « Les Annamites attendirent les événements : peut-être, d'ailleurs, eux qui copient si volontiers le passé, espéraient-ils voir se renouveler l'évacuation de 1874. Leur calcul fut trompé. »

CHAPITRE XV

Mgr Puginier et la dernière expédition française au Tonkin. Massacres.

A l'annonce de la mort du commandant Rivière, la France tout entière s'émut, les divisions de parti se turent, et une expédition sérieuse et définitive fut résolue ; malheureusement, au lieu de la confier à un chef unique, on institua trois autorités : le docteur Harmand, ancien compagnon d'armes de Garnier, qui s'était fait connaître depuis 1874 par de savants travaux géographiques sur l'Indo-Chine fut chargé, avec le titre de commissaire civil, de la direction des affaires politiques ; le général Bouët, des opérations militaires, et l'on donna à l'amiral Courbet le commandement d'une division navale.

M. Harmand eut l'heureuse idée d'aller directement à Hué, et après un bombardement de quelques heures, opéré par les vaisseaux de l'amiral Courbet, les forts qui commandent l'entrée de la rivière conduisant à la capitale, furent occupés. Les Annamites n'eurent pas même la pensée de résister, et le 25 août 1883, un traité fut signé qui reconnaissait notre protectorat sur l'Annam et le Tonkin.

Pendant ce temps, le général Bouët, à Hanoï, avait repris l'offensive contre les Pavillons-Noirs, et les avait repoussés dans les massifs montagneux.

De son côté, Mgr Puginier, toujours prêt à rendre tous les services possibles, avait envoyé des hommes de confiance, pour rechercher les restes des victimes du 19 mai; il fut assez heureux pour réussir dans cette œuvre patriotique, et il en avertit le commissaire général, M. Harmand, par la lettre suivante :

« Hanoï, le 11 septembre 1883.

« Monsieur le Commissaire général,

« Depuis le malheur du 19 mai, qui coûta la vie au commandant Rivière, à deux autres officiers et à plusieurs soldats ou marins, restés sur le champ de bataille au pouvoir de l'ennemi, j'ai toujours eu à cœur de faire rechercher l'endroit où furent enterrés les têtes et les corps. Pendant plus de trois mois, il n'a pas été possible d'avoir à ce sujet des renseignements certains. Enfin ces jours derniers, les Annamites que j'ai employés à cela, avec promesse d'une bonne récompense, ont pu s'assurer de l'endroit où sont les têtes et de celui où sont les corps.

« Ils se sont rendus eux-mêmes dans les lignes ennemies et ont reconnu les lieux, comme ils l'affirment par la pièce dont j'ai l'honneur de vous envoyer la traduction. D'après eux, il manquerait une tête, et ce serait malheureusement celle du commandant. Le bruit a couru, en effet, qu'elle avait été exposée à part, et c'est ce qui explique qu'elle ait été enterrée seule dans un autre endroit.

« Mais une autre personne, qui demeure dans un village à l'intérieur des lignes, affirme savoir positivement que la tête du commandant, placée dans une boîte, a été enterrée dans le village de Kiên-mai, au milieu de la route, devant la porte d'une pagode, afin d'être continuellement foulée aux pieds des passants. Extérieurement, il n'y a aucun signe qui indique l'endroit, mais il sera facile de le reconnaître sous la direction de cet Annamite. »

Lorsque ces tristes dépouilles furent retrouvées et rapportées à Hanoï, Mgr Puginier leur fit de solennelles obsèques.

Cependant le nouveau traité signé à Hué, n'avait guère affermi notre situation politique et militaire, les provinces du Nord restaient au pouvoir des Pavillons-Noirs, on signalait des pillages et des massacres dans les environs même de la capitale, et on savait de source certaine que l'ordre d'égorger les chrétiens en masse avait été envoyé dans toutes les provinces.

L'amiral Courbet, devenu seul chef de l'expédition, jugea qu'il fallait frapper un grand coup, et la prise de Son-tay fut décidée.

Chrétien fervent autant que brave marin, l'amiral préluda à l'entreprise en écrivant à l'évêque :

« Monseigneur,

« Le corps expéditionnaire se met en marche ce matin. Nous comptons sur vos prières pour le succès de nos armes. Permettez-moi de vous en remercier d'avance, comme Français et comme catholique. »

La résistance fut acharnée, les morts et les blessés nombreux, mais le 17 décembre, Son-tay était à nous.

Ce brillant fait d'armes avait ramené la victoire sous notre drapeau, tout tremblait devant nous, et l'on se promettait la prochaine conclusion des hostilités, lorsque, brusquement, brutalement, en face de l'ennemi, l'amiral Courbet fut arraché au commandement, renvoyé à son bord, et remplacé par le général Millot. Devant cette iniquité, l'étoile de la France pâlit de nouveau, car la personne de l'amiral faisait sur les Chinois autant d'impression que son escadre : le vainqueur de Son-tay était promptement devenu légendaire parmi eux.

Pour se venger des défaites qu'il avait essuyées, le gouvernement annamite donna l'ordre de massacrer tous les chrétiens, « les amis des Français ».

Les bandes dispersées dans le Thanh-hoa, entendirent avec un tressaillement de joie l'appel venu de Hué. Elles avaient ravagé les provinces de Son-tay, Nam-dinh, Hung-hoa, où plus de cent chrétientés étaient ruinées; elles laissèrent leur besogne inachevée, pour courir à une autre plus facile[1].

Au fond des forêts sauvages du Laos, sept missionnaires enseignaient l'Evangile à quelques milliers de chrétiens. Les missionnaires étaient sans armes, on le savait; les sauvages n'étaient point redoutables, on le savait aussi; les Français étaient trop loin pour les protéger : les bandits partirent. En passant, ils massacrèrent le prêtre indigène de Nhan-lo, ses catéchistes, cent soixante chrétiens, et détruisirent la paroisse qu'évangélisait le P. Pinabel; puis ils s'enfoncèrent plus avant dans le

1. La Société des Missions-Etrangères pendant la guerre du Tonkin.

pays. Le 3 janvier, le P. Séguret et le P. Antoine étaient tués.

Le P. Séguret était parti pour le Tonkin en 1881 ; il avait alors vingt-huit ans. Son enfance s'était écoulée à Rodez, pieuse et grave : à douze ans, il faisait pour ses amis un règlement de vie; à dix-huit ans, il passait ses vacances à enseigner le catéchisme aux enfants. Au séminaire, on disait de lui : « L'abbé Séguret est un saint ; » et parfois, quand on devisait des pays lointains, un ami se tournait vers lui pour demander : « Eh bien! Séguret, quand allons-nous au martyre? »

Le P. Antoine n'avait que vingt-six ans. Enfant de ce pays des Vosges où la foi la plus robuste s'allie au patriotisme le plus pur et au plus énergique courage, il avait senti de bonne heure son cœur se tourner vers les Missions. Une main sacerdotale avait guidé son enfance et sa jeunesse, et façonné son âme à la vertu. L'empreinte du maître se lisait sur le front de l'élève; calme sans froideur, aimable sans recherche, simple sans familiarité, pieux sans ostentation, le P. Antoine avait toujours cette pleine et entière possession de soi, qui est la marque la meilleure de la vertu et aussi de la sagesse.

Tous les deux étaient dans la paroisse de Ban-kieng, à une journée de marche du P. Pinabel, lorsqu'ils apprirent ses malheurs; ils partirent en toute hâte pour essayer de le secourir ou du moins de le consoler. A mi-route, on leur dit qu'il était trop tard. Que faire? Se cacher dans la montagne ou dans la forêt et laisser passer les rebelles? C'était le salut, mais le salut était-ce le devoir? Qu'allaient devenir les néophytes de la Tribu rouge? Leur foi ne succomberait-elle point dans ce premier combat sanglant? Les missionnaires étaient venus leur enseigner les vérités de la religion; souvent ils leur avaient déclaré qu'il valait mieux mourir que renier sa foi. Mais les paroles ne valent pas des actes, les raisons des actes : la conviction naît de l'exemple plus que du syllogisme.

Les missionnaires rebroussèrent chemin; le soir même, ils étaient aux mains des brigands. Le jugement fut court et sans appel, et la tête des deux héroïques enfants de la Société des Missions-Etrangères roula sous le fer du bourreau.

Pendant que cette première bande accomplissait ses exploits dans le district inférieur, la seconde n'obtenait pas moins de succès dans le district supérieur. Le 6 janvier, elle arrivait au poste central, où l'approche du danger avait groupé quatre missionnaires : les PP. Gélot, Rival, Manissol et Tamet.

Né à Saint-Michel-Mont-Malchus, en Vendée, le P. Gélot avait quitté la France en 1867. D'abord professeur et ensuite supérieur du collège de Phuc-nhac, où se perpétuent, avec la discipline introduite par son fondateur, des traditions de travail et de piété, le P. Gélot ne semblait point destiné à la pénible mission du Laos. Mgr Puginier a raconté avec une religieuse et toujours émouvante simplicité l'histoire de cette nomination singulière. Dans ce nouveau poste, la vie du missionnaire se passa plus à souffrir qu'à travailler, si la souffrance n'était pas le plus dur, partant le plus méritoire et peut-être le plus efficace des travaux.

Bien des espérances reposaient sur la tête du P. Rival. Il appartenait à ce riche diocèse de Lyon, qui a toujours du sang et de l'or à mettre au service de ses croyances. Intelligence, courage, habileté, Dieu lui avait tout donné, et, serviteur fidèle, il avait fait fructifier les dons divins : il était de la race de ces vieux missionnaires qui menaient de front la science et la vertu, la cause des âmes et celle de la civilisation.

Le P. Manissol, de Saint-Romain-d'Urfé, dans la Loire, sérieux, simple et pieux, avec cette affabilité de bon aloi qui est fille de la charité et sœur de l'humilité.

Le P. André Tamet, un orphelin qui, pendant vingt ans, s'en était allé par le monde sans se réchauffer aux caresses d'une mère, sans s'instruire aux enseignements d'un père, sans autre fortune que son métier de teinturier, sa bonne humeur, sa santé toujours chancelante, son grand cœur et sa foi robuste.

Tous étaient partis pour le Laos, jeunes, ardents, pleins d'espoir : la moisson était si belle, il n'y avait plus qu'à se baisser pour en recueillir les abondants épis. L'heure des rudes labeurs semblait passée; on ne récoltait plus âme par âme, lentement et avec peine, mais par centaines, et avec quelle facilité! Saintes espérances et vaillants apôtres, qu'êtes-vous devenus?

Quelques heures après l'arrivée des brigands, trois missionnaires et quelques centaines de chrétiens dormaient leur sommeil éternel; seul le P. Tamet réussit, avec quatre ou cinq catéchistes, à se réfugier dans les montagnes. Il y resta pendant près de trois mois, errant à l'aventure, se reposant aujourd'hui dans une caverne, demain dans le lit d'un torrent desséché, vivant de fruits sauvages et de quelques racines. Toutes les tortures morales, toutes les souffrances physiques, il dut les ressentir, cruelles, amères, inexorables. Enfin le 9 avril, au milieu de la semaine sainte, une belle semaine pour mourir, il tomba entre les mains des bandits.

Quels supplices endura-t-il? Un coup de sabre ou une balle lui donnèrent-ils la couronne céleste, ou bien dut-il supporter ces

10.

multiples cruautés qu'une férocité barbare a tant de fois inventées? Nous ne le savons, car aucun détail ne nous est parvenu.

Un seul missionnaire, le P. Pinabel, avait pu échapper au massacre. Mais, hélas! pas plus que ceux qui étaient morts de la mort sanglante, il ne devait revoir ses chrétiens et les aider à relever les ruines amoncelées par la persécution. Epuisé par les fatigues et les privations de tout genre, il devait aller bientôt trouver au sein de Dieu le suprême repos [1].

Ainsi furent anéantis en quelques jours cinq ans de travaux apostoliques. « Pauvre mission du Laos, s'écrie Mgr Puginier en terminant le récit de ces désastres, elle avait eu ses martyrs de la fièvre des bois et des tribulations de tout genre, mais il lui manquait les martyrs du sang. Elle en compte maintenant *six* parmi ses apôtres et *quarante-sept* parmi les catéchistes ou servants qui ont aidé les missionnaires à y implanter la foi et à former les néophytes. »

1. La Société des Missions-Etrangères pendant la guerre du Tonkin.

Après avoir ruiné la mission du Laos, les égorgeurs se répandirent dans quelques paroisses du Thanh-hoa; une lettre de Mgr Puginier nous le raconte :

« Le 2 janvier 1884, le curé de la paroisse de Nhân-lô, dont la maison n'est qu'à quelques minutes de la sous-préfecture, fut arrêté au moment où, prévenu du danger, il essayait de fuir. Les deux chrétiens qui conduisaient sa barque eurent aussitôt la tête coupée; le prêtre, garrotté, fut conduit aux mandarins, qui le firent décapiter et ordonnèrent de jeter son corps au fleuve. Neuf de ses élèves furent massacrés avec lui.

« Le même jour, un mandarin et d'autres bandes, commandées par des chefs de canton, qui avaient reçu officiellement des ordres, parcouraient le pays, bloquaient toutes les chrétientés de la paroisse, au nombre de vingt, massacraient tous les chrétiens qui leur tombaient sous la main, sans pitié pour les vieillards, les femmes et les petits enfants, pillaient les maisons et les brûlaient, quand elles ne risquaient pas de mettre le feu à celles des païens.

« Après avoir entièrement ravagé la paroisse de Nhân-lò, et y avoir massacré une centaine de chrétiens, ces mêmes bandes, toujours conduites par les mandarins, allèrent dévaster la paroisse de Ké-ben, une centaine de personnes furent encore décapitées ou brûlées vives au chef-lieu même.

« C'est là qu'un vieux clerc minoré de quatre-vingt-neuf ans, nommé Hao, fut brûlé vif dans le poste de garde, avec les jeunes élèves de la maison du curé et nombre de chrétiens.

« Les mandarins et les lettrés, s'étant saisis d'eux, les attachèrent aux colonnes en bois, remplirent de paille les espaces vides et mirent le feu à la maison. On entendit longtemps la voix du vieux clerc minoré ; ce saint confesseur de la foi, tout en sentant comme saint Laurent son corps brûlé par les flammes, ne cessa jusqu'au dernier moment d'exhorter ses compagnons au repentir de leurs fautes, au pardon de leurs ennemis, à l'acceptation de la mort et à la parfaite conformité à la volonté de Dieu.

« A ces pieuses exhortations, la voix des chrétiens répondit en entonnant, en chœur, l'acte de contrition et les prières du chemin de la croix. A travers les hurlements sataniques des bourreaux, on entendait s'élever, du milieu des flammes, la prière fervente des martyrs. C'était un drame sublime et mystérieux, qui commençait sur la terre et allait s'achever dans les cieux. Une à une les voix s'éteignirent, et il ne resta bientôt sur le sol qu'un monceau d'ossements calcinés.

« Depuis, ce lugubre ossuaire a été enclos d'un mur et surmonté d'une croix. Tous les fidèles y viennent, le samedi, faire le chemin de la croix et s'exciter, par l'exemple de leurs pères, martyrs, à l'amour des souffrances et la fidélité au service de Dieu. »

En vérité, est-il une plus émouvante page dans l'histoire des martyrs?

L'arrivée à Hué de M. Tricou, ministre de France à Pékin, suspendit les assassinats : la cour d'Annam, qui venait d'introniser un nouveau roi, craignit d'irriter les Français.

Mgr Puginier profita de ce sursis pour recueillir des informations relatives aux massacres du Laos et de Thanh-hoa, et, muni de ces pièces, il s'adressa successivement au général Millot et au résident général Lemaire, réclamant la punition des fauteurs de ces crimes, la restitution des biens des chrétiens et une juste indemnité pour tant de pertes subies.

Mais en vain multiplia-t-il ses instances et ses démarches, sa voix fut sans écho, et une fois de plus, la politique française abandonna ceux qui avaient été victimes à cause d'elle. Pour sauver l'honneur, cependant, on constitua une commission d'enquête... mais elle n'entra même pas en fonction, et le sang des missionnaires français, des prêtres annamites et des chrétiens immolés en représailles de l'occupation du Tonkin, resta sans vengeance.

Un journal osa cependant imprimer que les assassins avaient été rigoureusement punis et les chrétiens amplement dédommagés des spoliations. Oh! vérité historique!

Pendant que ces désastres frappaient les missions, nos diplomates continuaient de signer des traités et nos soldats de remporter des succès. Bac-ninh était occupé presque sans coup férir; après Bac-ninh, Kep, Thai-nguyen,

Hung-hoa; M. Patenôtre remplaçait M. Tricou dans ses fonctions de ministre plénipotentiaire, Le régent annamite Nguyên-van-Tuong acquiesçait à toutes les demandes : indemnité aux missionnaires et aux chrétiens, amnistie pour les mandarins qui avaient servi la France. « Avec toutes ces concessions, vous allez me faire empoisonner par le parti des lettrés, » disait le régent. Quand, le 2 juin, il signa le traité, il se tourna en souriant vers M. Patenôtre : « Voilà, dit-il, une signature que j'ai soignée et qui tiendra. »

Et le moyen de ne pas croire à cet homme qui expliquait avec tant de bonhomie toutes les difficultés de la situation, qui prenait tant de précautions pour tourner les obstacles, renverser les difficultés, aider les Français, assurer aux chrétiens le libre exercice de leur religion! La loyauté francaise fut vaincue par la fourberie annamite; elle crut à la parole du régent qui tramait des complots, excitait des révoltes, tout en multipliant les promesses, les serments, les sourires et les présents.

Après le traité avec la cour de Hué, il y eut le traité avec la cour de Pékin.

Lorsque les mandarins du Céleste-Empire ne purent plus nier le présence des troupes régulières chinoises sur les champs de bataille du Tonkin, ils trouvèrent cette admirable machine de guerre, qui ressemblait fort à un fantôme, mais diminuant à mesure qu'on le regarde, et qu'on appela la suzeraineté de la Chine sur l'Annam.

Cependant nos succès calmèrent leur martiale ardeur, et la convention Fournier fut signée le 11 mai 1884.

Tout semblait donc arrangé, lorsque le guet-apens de Bac-lé vint tout remettre en question. On a gardé le souvenir de cette triste journée du 24 juin, qui nous coûta plus de cent hommes tués ou blessés. La guerre recommença; mais cette fois la France s'attaqua directement à la Chine. L'amiral Courbet bombarda Fou-Tcheou, les forts de la rivière Min, anéantit la flotte chinoise, s'empara de Ké-lung et assiégea Tam-sui [1].

Mais, comme l'avait écrit autrefois Mgr Pu-

1. La Société des Missions-Étrangères pendant la guerre du Tonkin.

ginier à Rivière, avec les Orientaux, il faut toujours se défier des retours. Le 24 mars 1885, le général de Négrier était grièvement blessé près de Lang-son, la ville était abandonnée, et une débâcle sans nom se produisait parmi nos troupes. Un instant, on put croire que tout allait être remis en question. A Paris, l'opinion publique, énervée de toutes ces lenteurs, de ces traités aussitôt violés que conclus, se souleva unanimement contre le ministre Ferry, le *Tonkinois,* comme l'appelaient ses ennemis politiques, et le renversa du ministère le 29 mars.

La panique était exagérée d'ailleurs, et la Chine, mieux à même de se rendre compte de la situation, signait, le 4 avril, les préliminaires d'un traité de paix par lequel elle renonçait définitivement à toute suzeraineté sur le Tonkin et retirait enfin ses troupes régulières.

Tranquille de ce côté, il semblait que l'organisation du Tonkin dût être facile. Elle fut confiée au général de Courcy. Il arriva à Hué au milieu de l'année 1885, et deux jours après, il faillit être victime d'un odieux guet-apens dressé par les régents du royaume, Tuong et Thuyet.

En vain, Mgr Puginier, parfaitement au courant de la situation, écrivit plusieurs lettres au général de Courcy, pour l'avertir de se défier de ces misérables. On refusa de le croire jusqu'au jour où, grâce à une correspondance interceptée, on fut forcé de reconnaître que l'évêque avait raison et que le régent Tuong n'était qu'un traître. Il fut interné à Tahiti, et la France lui fit jusqu'à sa mort une pension de 30,000 francs.

En même temps qu'on préparait à Hué le massacre des Français, ordre avait été envoyé dans toutes les provinces de procéder à l'égorgement général des chrétiens. Alors commença pour les missions d'Annam un désastre épouvantable qui se chiffra par le massacre de plus de trente-cinq mille chrétiens, dont huit missionnaires français, dix-huit prêtres indigènes, soixante catéchistes et deux cent soixante-dix religieuses, sans parler de la destruction de centaines de chrétientés et de presque tous les établissements des missions.

Pour cette fois, l'orage s'arrêta aux portes du Vicariat du Tonkin occidental qui, cette année 1885, enregistra le chiffre magnifique de 2,494 conversions.

« J'étais loin de m'attendre à ce résultat, écrit Mgr Puginier. Cependant, ajoute-t-il, nous ne devons pas nous faire d'illusions, ni nous bercer d'espérances prématurées. Peut-être il nous faudra passer par de nouvelles épreuves, avant de voir briller l'aurore de la paix. »

L'année 1886 ne tarda pas en effet à justifier ces craintes.

« Le parti hostile à la France, avoue l'évêque, s'agitait fortement, il travaillait en secret les populations; les bruits que l'on faisait courir au sujet de l'évacuation prochaine du Tonkin, l'annonce d'une diminution considérable du corps expéditionnaire; les succès faciles qu'avaient obtenus les lettrés contre les chrétiens, abandonnés sans armes et sans protection, l'impunité inexplicable accordée à nos ennemis, bien qu'ils fussent coupables de crimes horribles, la facilité avec laquelle on accueillait les calomnies grossières contre les missionnaires et les chrétiens, tout cela réuni nous montrait l'avenir sous un aspect qui nous inspirait des craintes fondées. Pour quiconque connaît un peu le pays, il était aisé de prévoir qu'à moins de mesures promptes, intelligentes et efficaces, l'insurrection ne tarderait pas à gagner les provinces du Tonkin, et alors ce serait pour nous l'annonce de nouveaux malheurs.

« Le danger était encore plus prochain que je ne le supposais. Le 12 mars, sans qu'on eût été prévenu, un millier de rebelles arrivaient au Thanh-hoa, pour tenter un coup de main, surprendre les Français, les massacrer et s'emparer de la citadelle. Leur tentative imprudente ne devait pas réussir; mais en échouant contre nos soldats, les lettrés trouvèrent l'occasion d'un succès facile dans le massacre des chrétiens, le pillage et la destruction de leurs villages. Toutes les chrétientés de la paroisse de Cua-bang furent ravagées, à l'exception du chef-lieu, qui avait une population considérable, et qui était protégé par le voisinage d'un poste français. Un grand nombre de chrétiens furent tués en quelques jours.

« Le 28 avril, une autre chrétienté, Ke-va, était détruite, et plus de vingt néophytes égorgés. Peu après, au commencement de mai, trois autres villages chrétiens étaient dispersés et détruits.

« Au commencement du mois d'août, la destruction complète de plus de quarante chrétientés, formant deux paroisses, et le massacre de près d'un millier de chrétiens prouvèrent l'exactitude des renseignements que j'avais donnés, et montrèrent que mes craintes n'étaient pas exagérées; mais il était trop tard; les désastres étaient accomplis, et on me répondit froidement qu'on était impuissant à les arrêter.

« En septembre, une quatrième paroisse était dévastée par les lettrés, sans qu'il fût porté aucun secours aux malheureux chrétiens.

« On venait cependant de s'apercevoir de la gravité de la situation et du danger que l'insurrection pouvait créer; on eut l'air d'être convaincu de l'innocence des chrétiens, et l'on se mit à agir assez vigoureusement contre les assassins. Cette démonstration suffit à pacifier le pays et à arrêter les égorgements. »

Après avoir narré toutes les phases de la persécution, le saint évêque conclut :

« Quand je songe à tout cela, et j'y songe souvent, j'éprouve une profonde tristesse, et je trouve la vie pénible, voyant surtout que je n'ai encore rien obtenu pour améliorer la situation spirituelle et corporelle d'un si grand nombre de chrétiens.

« Cependant, au milieu de ces pénibles impressions, je me sens rappelé à la patience, en songeant que la justice n'est pas de ce monde et que la persécution est l'état habituel de l'Eglise. Les tribulations la purifient, la fortifient, la font grandir, par la grâce de Dieu qui sait tirer le bien du mal, et la rendent plus florissante que jamais, au moment que l'on croyait tout perdu.

« Oui, j'ai la ferme confiance, je dirai même la certitude, que Dieu réserve à la mission du Tonkin occidental des jours heureux et des grâces de conversion éclatantes. Je n'en serai peut-être pas le témoin, car me voici dans ma cinquantaine, et la vie s'use vite au milieu des tribulations. Mais peu importe. J'ai succédé à mes prédécesseurs, qui n'ont pas eu moins de mauvais jours, et à plusieurs reprises, j'ai eu la consolation de recueillir dans la joie ce qu'ils avaient semé dans les larmes; d'autres récolteront après nous la moisson que les apôtres d'aujourd'hui auront arrosée de leurs larmes, et les plus heureux de leur sang. »

CHAPITRE XVI

Mgr Puginier, les catholiques tonkinois et les Français.

Bien des fois Mgr Puginier avait averti les représentants français que la persécution dirigée contre les chrétiens était le prélude d'un soulèvement général, on n'avait pas voulu le croire, on avait dit et répété qu'il s'agissait seulement d'une querelle religieuse entre catholiques et bouddhistes ; à la fin de 1886, il fallut bien ouvrir les yeux et s'avouer que l'évêque avait eu raison.

Les rebelles, partisans du roi Ham-nghi, s'étaient fortifiés dans la province de Thanh-hoa, en un lieu appelé Ba-dinh. Comme il ne restait plus aucun chrétien pour avertir les Français de ce qui se tramait à l'intérieur de la province, les rebelles avaient pu, en toute

11.

tranquillité, fortifier leurs lignes et s'entourer de travaux de défense vraiment formidables; ces défenses étaient si bien conçues, que presque rien n'en paraissait à l'extérieur, et grâce à la complicité des populations païennes, nos compatriotes ne se doutaient encore de rien. Au mois de septembre, un prêtre annamite qui rendit, à plusieurs reprises, d'éminents services à la cause française, ce qui lui valut la croix de la Légion d'honneur, le P. Six, avertit l'officier commandant le poste voisin de sa résidence, que nos troupes étaient entourées d'ennemis. Un sergent fut envoyé en reconnaissance avec quelques hommes; il s'avança à deux heures de chemin dans l'intérieur de la province de Thanh-hoa, fut parfaitement accueilli partout, et revint persuadé que le pays était tranquille.

A quelques jours de là, les cinq ou six soldats chrétiens du poste s'aperçurent que leurs camarades païens tenaient des conciliabules à l'écart, et, la nuit, s'entretenaient avec des émissaires venus de Thanh-hoa. Craignant de se compromettre inutilement, et n'osant avertir leur chef, ils allèrent raconter l'affaire à un prêtre indigène. Celui-ci prit aussitôt des informations, et reconnut que les soldats païens étaient sur le point de livrer le poste à l'ennemi. Il s'empressa d'écrire au commandant pour l'avertir du complot, et le prier de se tenir sur ses gardes. Celui-ci était en train de lire la lettre quand un coup de feu retentit; c'était le signal de l'arrivée de l'ennemi. Le chef de poste envoya aussitôt les soldats chrétiens aux avant-postes, et, grâce à leur vigilance, la surprise préparée échoua. L'enquête qui fut faite le lendemain confirma l'exactitude des renseignements fournis par le prêtre. Un sous-officier annamite avait promis de livrer le poste aux rebelles; il fut dégradé et condamné à dix ans de travaux forcés. Sans l'avis donné au dernier moment par le prêtre, le poste était enlevé et le lieutenant massacré avec les cinq ou six soldats chrétiens.

Ce petit fait, qui s'est renouvelé plusieurs fois depuis le commencement des hostilités, montre la mauvaise foi des journaux qui, aujourd'hui que le danger est à peu près passé, ne craignent pas d'imprimer en toutes lettres que jamais les chrétiens n'ont servi la cause française [1].

Il fallut ensuite enlever les retranchements de Ba-dinh, et ce ne fut pas chose aisée, les Français furent deux fois repoussés et n'emportèrent la position qu'après un siège en règle.

A cette occasion, Mgr Puginier fait remarquer que si l'on n'avait pas laissé détruire, au mois d'août, la paroisse chrétienne proche de Ba-dinh, jamais les rebelles n'auraient eu le temps d'élever des défenses si fortes, parce que l'autorité militaire eût été avertie dès le commencement des travaux. Il était facile de comprendre la faute qu'on avait faite en sacrifiant les catholiques aux haines, beaucoup plus politiques que religieuses, des païens.

Après la prise et la destruction de Ba-dinh, l'insurrection fut promptement étouffée, et la pacification provisoire se fit presque sans résistance.

Combien de maux auraient été épargnés au Tonkin, et combien plus rapide et plus facile

1. *Vie de Mgr Puginier.*

eût été la colonisation française si les conseils de l'évêque avaient été suivis, si les Français s'étaient appuyés sur l'élément catholique.

« Les chrétiens, soit anciens, soit nouveaux, écrivait Mgr Puginier, ont toujours été, et restent toujours les fidèles sujets de leur gouvernement, soumis loyalement au Protectorat français, tel qu'il a été établi au Tonkin. De tout temps, en leur prêchant la religion, les missionnaires leur ont euseigné qu'en outre des devoirs envers Dieu, ils ont aussi des devoirs à remplir envers leur souverain, auquel ils doivent respect, soumission et affection. On peut affirmer que, malgré les épreuves et les persécutions par lesquelles ils ont passé, les chrétiens sont toujours restés les plus fidèles sujets du roi.

« Il est incontestable que les chrétiens, tout en restant fidèles à leur gouvernement, ont toujours été aussi les amis de la France. Les missionnaires, en leur prêchant la foi, leur parlaient de leur patrie, de cette France qui faisait pour eux tant de sacrifices, qui leur envoyait des prêtres et des aumônes. On ne leur disait que du bien de la France; et par là, on la leur faisait naturellement estimer et aimer.

« Il est certain que tout païen qui se fait chrétien devient, en même temps, un ami de la France. Il ne sera pas traître au gouvernement de son pays; sa nouvelle religion le lui défend; mais il est certain aussi que jamais les Français ne le trouveront dans le camp des révoltés.

« Il suit de là que plus le nombre des chrétiens annamites augmentera, plus la France aura d'amis dans le pays. Le nombre de ses adversaires diminuera dans la même proportion, et les révoltes contre le protectorat ne seront plus à redouter.

« On ne soupçonne pas, dit-il ailleurs, l'influence morale et bienfaisante qu'exercent quelques poignées de chrétiens perdus au milieu des populations païennes. Tout naturellement, et sans même s'en douter, ils remplissent les fonctions de sentinelles avancées. Ils parlent en bonne part de la France, ils détruisent une grande quantité de préjugés que dans ce pays idolâtre de l'Extrême-Orient on a contre les nations européennes.

« Par le moyen de ces chrétiens isolés, on connaît énormément de choses utiles, qui permettent de prévenir bien des malheurs.

« On n'a pas assez compris l'importance de ces petites chrétientés éparses, ni la grandeur des services qu'elles ont rendus et qu'elles étaient encore destinées à rendre.

« Il y a cependant une grave question d'intérêt politique pour la France, et parce que son gouvernement et ses représentants n'ont pas toujours su apprécier les bons résultats qu'elles donnaient, on n'a pas su non plus les protéger, et on les a laissé anéantir par les lettrés, ces ennemis communs de l'influence française et de la religion.

« Ah ! les lettrés et les mandarins hostiles, qui sont, eux, de fins et profonds politiques, avaient bien compris ce que valaient à l'influence française ces chrétientés faibles, et en apparence insignifiantes.

« Si les Français ont pu venir ici, proclamaient-ils, s'ils ont pu connaître toutes les routes, tous les fleuves, se mettre au courant de tout ce qui se passe dans le royaume, c'est uniquement grâce aux chrétiens, aux évêques et aux prêtres. Par conséquent, si nous ne tuons pas tous les chrétiens, nous pourrons difficilement atteindre le but que nous nous proposons, c'est-à-dire chasser les Français.

« C'est pourquoi nous prions tout le monde de se mettre à l'œuvre et d'achever l'extermination des chrétiens, cela fait, nous affirmons que les Français seront condamnés à une immobilité complète, comme les crabes à qui on a cassé toutes les pattes se trouvent dans l'impossibilité de se traîner.

Après la série des commandants militaires Courbet, de Courcy, Millot, Brière de l'Isle, les gouverneurs civils firent leur apparition au Tonkin[1]. Mgr Puginier avait aidé les premiers, il aida les seconds. Il n'eut jamais à leur égard ni préjugés ni antipathie. Il s'occupait de leurs qualités intellectuelles et morales plus que de leur situation dans la politique.

Il les voulait simplement hommes de sens pratique, très appliqués aux affaires, restant de

1. L'*Univers*. Mgr Puginier.

longues années au Tonkin. Il craignait leur désir de faire grand et vite. Il avait un idéal : l'amiral de la Grandière, le créateur de l'organisation simple et forte de la Cochinchine.

Paul Bert fut le premier de ces gouverneurs civils. On connaît son anticléricalisme. Il en laissa une partie en France. Il eut pour Mgr Puginier une sympathie qui alla en s'accentuant. L'évêque l'étonna et le captiva par sa merveilleuse justesse de coup d'œil, par sa largeur d'esprit, par ses prévisions, dont il douta plus d'une fois, et qu'il lui fallut bien reconnaître exactes.

Nous pouvons nous semble-t-il, transcrire les principes de conduite que l'évêque eût voulu voir suivis par les gouverneurs d'Indo-Chine. Il les traçait en ces termes généraux, qu'il délaissait très vite pour passer aux détails pratiques[1] :

« Qu'il soit civil ou militaire, le gouverneur devra diriger et surveiller les mandarins et se tenir en garde pour n'être pas influencé par

1. L'*Univers*. Mgr Puginier.

eux. Il réussira mieux, pour le bien de la cause française, en leur commandant avec justice et modération qu'en usant de politique.

« Dans la politique avec les Annamites et les Chinois, à peu près toujours les Européens sont trompés, et ils ont le dessous, au détriment de l'influence de leur nation.

« Une action militaire bien entendue, une administration sage, prudente, fondée sur la connaissance des esprits et de la situation, jointes à l'énergie et à l'exécution d'un bon plan suivi avec persévérance, amèneront peu à peu une solution satisfaisante qui dédommagera la France des immenses sacrifices qu'elle a faits au Tonkin. »

Lorsque de la fonction il passait aux hommes, il disait avec le même bon sens :

« Depuis l'occupation, nous avons eu plusieurs hommes éminents chargés de pacifier et d'organiser le Tonkin ; mais les uns n'ont fait que passer, et ils n'ont pas eu le temps d'achever leur œuvre ; les autres n'ont pas eu l'indépendance et l'autorité suffisantes pour travailler à cette œuvre avec fruit et d'une manière efficace.

« Tout dépend de Paris, qui dirige les affaires sans connaître suffisamment les difficultés, les dangers de la situation.

« Le chef du Tonkin a besoin d'une indépendance fondée sur la confiance qu'un gouvernement doit donner à un homme jugé capable d'installer une colonie. Au lieu de cela, il n'est que l'exécuteur des mesures et des ordres dictés par Paris. »

Il n'exigeait pas que les gouverneurs fussent parfaits, capables d'exercer sans erreur leur autorité.

Son esprit était trop pratique pour être absolu, et il n'est peut-être pas sans intérêt ni sans utilité de donner ses principes dans l'appréciation de ceux à qui il eut affaire :

« Je ne veux blâmer personne, ni les hommes du gouvernement, ni les commandants en chef, ni les autorités de tout rang qui ont eu à agir au Tonkin; je déteste l'esprit de critique, et je suis le premier à excuser les erreurs de l'autorité. On ne peut, en effet, exiger de quelqu'un qui ne passe que quelques mois, tout au plus un ou deux ans, dans un pays, qui, tout en étant en Annam, n'en connaît pas la langue, et continue à vivre dans un milieu européen, on ne peut pas, dis-je, exiger qu'il ait des idées adéquates sur la politique orientale, ni sur les personnes et les choses. Les erreurs sont donc inévitables. »

Tous les gouverneurs sympathisèrent à cette sagesse qui s'exprimait avec tant de modération, sentant comme tout le monde, que l'amour de la France et du Tonkin faisait seul parler l'évêque; aussi tinrent-ils à honneur de le faire nommer chevalier, puis officier de la Légion d'honneur.

Cet amour ne se fatigue jamais, il s'étend à tout, à l'extérieur et à l'intérieur. L'évêque veut que le Tonkin soit connu en Europe pour ce qu'il est, pays riche, pays d'avenir; il envoie les produits de l'industrie et de l'agriculture aux expositions de Calcutta, d'Anvers et de Paris. Dans un remarquable mémoire, il en décrit les essences forestières, qui sont une de ses meilleures ressources. Quand il étudie la situation politique, il devine les périls, et en explique les causes qui sont complexes, mais il y en a une principale, l'hostilité du gouvernement annamite et de plusieurs mandarins. Mgr Puginier l'a dit et redit, non parce qu'il a contre eux quelque animadversion, mais parce qu'il veut la justice et la paix, la paix que la France réclame et dont le Tonkin a si grand besoin.

« Pour ceux qui sont au courant des affaires du Tonkin, il est clair que le gouvernement annamite et ses hauts fonctionnaires poursuivent, avec persévérance et même avec ténacité, une politique qui consiste à regagner, par leur habileté, ce qu'on leur a fait perdre par la force. C'est la politique de lutte continuelle et cachée contre l'établissement et le développement de l'influence française dans leur pays. En examinant avec soin leurs actes officiels et importants, on y remarque toujours la recherche de leurs intérêts privés et le travail hostile, mais voilé, contre la cause du protectorat. »

Il signale les abus particuliers et leurs

causes : le défaut d'un personnel suffisant, bien choisi, spécialement chargé de les connaître, d'en étudier l'étendue et la gravité, ayant en même temps le devoir de proposer à l'autorité supérieure les moyens à prendre pour les corriger, « car une des principales choses qu'il redoute, ce sont les ordres injustes donnés par les fonctionnaires annamites au nom des résidents français. » « La France en pâtit, s'écrie-t-il, ainsi que sa bonne renommée, et les populations pourraient se détacher d'elle. »

Cette cause de l'hostilité des bouddhistes est si vraie, elle est si bien le grand motif déterminant de leurs dénonciations et de leurs vexations, qu'il faut la répéter sans cesse ; elle est la clef de la situation religieuse, et par plus d'un côté de la situation politique au Tonkin, aussi l'explication revient-elle vingt fois sous la plume de l'évêque :

« Les ennemis du protectorat voient de mauvais œil l'introduction de la religion dans les communes, qui étaient restées fermées par le passé, et où des meneurs dangereux pouvaient faire des actes nuisibles, sans crainte d'être dénoncés aux autorités françaises. Pour empêcher les conversions, ils suscitent toutes sortes d'obstacles, ils emploient les menaces, les violences; ils font publier officiellement par le crieur public qu'il est désormais interdit aux païens d'embrasser le christianisme et que les néophytes doivent retourner au bouddhisme, sous peine de graves châtiments. Ils vont même jusqu'à prêter cet interdit aux résidents français. »

En exposant les motifs de la haine des païens, leurs agissements contre les catholiques, il explique ce qu'il veut pour ces derniers. Ce n'est pas une protection ouverte, il la trouve impolitique, dangereuse, capable d'exciter des troubles; il préférerait une protection voilée, se faisant sentir sans se montrer; elle aurait d'immenses avantages : elle empêcherait l'oppression des païens, elle enhardirait les hésitants, elle payerait les catholiques des services qu'ils ont rendus à la France, elle activerait la pacification. Mais cette protection cachée, qui n'est que justice, peut n'être pas comprise de tous, et il arrête la demande prête à être formulée, sollicitant une seule chose : la liberté.

« Nous pouvons nous contenter de ce qui suit : qu'on empêche les ennemis de l'influence française de s'opposer au mouvement de conversions, qu'on ne les laisse pas inventer des calomnies contre ceux qui demandent à embrasser le christianisme, et surtout qu'on ne tolère pas de vexations contre ces derniers. Ce que je demande là ne peut offusquer personne, cela ne s'appelle plus protection même éloignée ; c'est de la justice la plus élémentaire à laquelle tout le monde a droit. Nous pouvons nous en contenter, nous consentons à nous effacer, pourvu que le bien commun en profite, et si les populations comprennent que les ennemis de la France n'ont plus de liberté d'action pour gêner et persécuter ceux qui veulent devenir chrétiens et amis de la nation protectrice, nous réaliserons les plus beaux résultats, même au point de vue de la colonisation. »

Il a des idées très précises sur les moyens d'administrer le pays. Un de ces moyens n'est pas sans importance, nous le résumons, c'est la formation d'un bureau des affaires indigènes composé de trois sections : la première pour la justice, sorte de cour d'appel pour les indigènes, afin de corriger les injustices des mandarins; la deuxième pour les mandarins; elle serait chargée du choix des fonctionnaires annamites; la troisième recueillerait les renseignements sur les agissements extérieurs des pirates et des rebelles, sur l'action sourde et cachée exercée en secret par le parti de la résistance[1].

Et quel est le but de ces études, de ces notes, de ces projets? Toujours le même, celui que l'évêque a dit et répété très haut : « L'intérêt de la foi, l'intérêt de la France et du Tonkin »; ce qu'il appelle ailleurs « la cause commune », « le bien commun ».

Pour aider notre civilisation et notre influence à se répandre plus rapidement au Tonkin, Mgr Puginier proposa de fonder des écoles de français dans les chefs-lieux de

(1) L'*Univers*. Mgr Puginier.

plusieurs provinces, malheureusement par ce temps de laïcisation à outrance, le gouvernement refusa les secours nécessaires à l'entreprise; alors, réduit à ses seules ressources, l'évêque fonda aux frais de la Mission, une grande école de français à Hanoï. Elle s'ouvrit le 8 décembre 1884 sous la direction d'un missionnaire assisté de quatre professeurs indigènes et compta dès le début, près de cent élèves. En 1892, elle en avait deux cent vingt dirigés par deux missionnaires et cinq professeurs indigènes; aujourd'hui, elle en a trois cents, et les frères des écoles chrétiennes en ont pris la direction; voilà une pépinière de bons serviteurs et d'amis fidèles de la France!

CHAPITRE XVII

Mort de Monseigeur Puginier.

Cependant la guerre avait entraîné l'abandon de la culture, et bientôt la famine apparut avec son cortège de détresses. Mgr Puginier mesura l'étendue du mal, et prit des mesures rapides pour y porter remède : secondé par un armateur français, M. Roques, aussi intelligent qu'excellent chrétien, il fit venir de Hong-Kong des bateaux chargés de riz, leur obtint la franchise de droits, et nombre de malheureux qui seraient morts de faim lui durent la vie.

Après la famine vint le choléra, et la mort faucha encore à grands coups dans les rangs des chrétiens.

La Providence, bonne toujours, voulut à ce moment, verser un peu de joie dans le cœur de l'évêque, et cette joie lui fut donnée par le sacre de son coadjuteur.

Mgr Puginier avait cinquante-deux ans, mais les années de mission sont des années de campagne qui comptent double. Les soucis, les souffrances, les fatigues de l'administration, les événements politiques, les préoccupations de tous genres avaient assailli son épiscopat et pesaient lourdement sur ses épaules.

Il pria le Saint-Père de lui permettre d'en partager le fardeau avec un coadjuteur, désignant à son choix M. Gendreau, qui, depuis quatorze ans, partageait son labeur.

Rome souscrivit à sa demande, et le 26 avril 1886, l'élu fut sacré solennellement dans l'église de Ké-so sous titre d'évêque de Chrysopolis.

La fête fut douce pour l'âme des deux prélats, mais quand le pieux évêque souhaita une longue vie à son jeune coadjuteur, il ne put s'empêcher d'ajouter d'une voix émue : « Je prie Dieu d'épargner à Votre Grandeur de voir se renouveler les épreuves qui ont affligé la mission dans le cours de ces dernières années. »

Mgr Puginier entreprit ensuite une longue visite pastorale dans laquelle il eut la consolation de constater que partout la religion revivait avec un nouvel élan.

Le mouvement de conversions se maintint et s'accrut sans relâche de l'année 1886 à l'année 1890, et la mission compta presque vingt-un mille baptêmes d'adultes.

« Ce ne sont pas des conversions isolées, constate le compte rendu de l'évêque, dans des villages déjà en partie chrétiens ; le plus souvent, c'est l'implantation de la Foi dans des communes toutes païennes ; vingt-trois, depuis quelque temps, ont ouvert leurs portes à la vraie religion.

« Les commencements sont toujours pénibles ; les difficultés, même les persécutions les plus criantes sont sans nombre, et nous trouvons rarement auprès des autorité locales la protection et la justice qui nous sont dues. Mais nous n'ignorons pas que l'œuvre de Dieu s'accomplit surtout au milieu des épreuves ; elles la rendent plus forte, en augmentant la foi, la confiance et l'humilité dans les cœurs.

« Une fois la religion implantée dans un village, elle y prend racine et se développe. D'abord, ce sont cinquante ou cent catéchumènes qui ouvrent la voie; au bout de trois ou quatre ans, ce chiffre se trouve porté à cinq cents néophytes et plus.

« C'est surtout dans les districts du centre que le mouvement des conversions a prospéré. Dans les commencements, il était restreint à quelques paroisses; il s'est étendu peu à peu, et aujourd'hui, il est répandu dans quinze sous-préfectures. »

Ces consolations n'étaient point sans mélange, cependant trop souvent le prélat eut à intervenir pour ses chrétiens persécutés auprès des autorités françaises, sans y trouver l'appui auquel il semblait que la justice et son dévouement avaient droit, ce furent ses dernières amertumes; les labeurs et les veilles douloureuses l'avaient usé, et Dieu le trouvait mûr pour la récompense.

Dans le courant du mois de mars 1892, une influenza morbide qui régnait partout, vint fondre sur lui; il était très affaibli déjà, tous s'inquiétèrent autour de lui; seul, il ne s'émut pas : « Et cependant, dit-il un jour à son secrétaire, cette année s'annonce mal, je sens que mes forces diminuent; mais n'importe, je travaillerai tant que je pourrai; lorsque le bon Dieu trouvera que j'en ai assez fait, il m'arrêtera, cela le regarde. »

Il voulait que la mort le trouvât debout, veillant et travaillant, comme le serviteur fidèle, il essayait de tenir bon; il avait encore tant de malheureux à secourir, de chrétiens à diriger, d'affaires à régler! Il avait tant d'espoir au cœur et de force dans l'âme! Il ne croyait pas avoir achevé sa tâche; mais l'espoir au cœur et la force dans l'âme ne font pas vivre.

Pendant les dernières semaines de sa vie, il fallut bien qu'il s'arrêtât; alors, il se montra doux et patient à la maladie; ne se plaignant jamais, s'oubliant pour s'occuper des autres, aimable pour tous, puisant même encore dans sa force de caractère un mot enjoué à dire à ceux qui l'approchaient, mais la mort continuait sourdement son œuvre, elle se révéla prochaine le premier dimanche après Pâques; l'évêque ne la sentait pas venir cependant, et Mgr Gendreau dut insister pour lui en faire accepter l'annonce; cette nouvelle le trouva prêt.

« Eh! pourquoi ne me l'avoir pas dit plus tôt? répondit-il, d'une voix calme; ces messieurs, ajouta-t-il en parlant des médecins, croient que nous sommes comme les gens du monde; ils devraient savoir que nous n'avons pas peur de la mort. » Ce fut tout, et il se prépara.

Dans la même soirée, le coadjuteur lui proposa le Saint-Viatique. « Mais je ne suis pas à jeun, répliqua-t-il; ce n'est qu'aux mourants qu'on donne le Saint-Viatique; je n'en suis pas encore là, attendons à demain. »

— Pardon, Monseigneur, demain il ne sera peut-être plus temps.

— En ce cas, apportez-moi le bon Dieu.

Il ne pouvait plus aller à la rencontre du divin Maître, mais il voulut du moins être assis et revêtu de la mosette et de l'étole pour recevoir sa visite suprême.

A l'aube suivante, le regard se voila, sans que l'intelligence s'obscurcît; il reçut l'Extrême-onction : « C'est le moment, » avait-il dit lui-même, puis il bénit de sa grande bénédiction de pontife ceux qui l'entouraient, ceux qui étaient absents, sa mission entière, et une heure plus tard il s'endormit dans le Seigneur.

La mort avait brisé le vase rempli de parfums, pour que les parfums se répandissent au loin. « Revêtons nos habits de deuil, et recueillons-nous, car celui que l'on met aujourd'hui au cercueil était l'honneur de la France, » s'était écrié Mgr Puginier au lendemain de la mort de l'amiral Courbet. Cet hommage ne s'applique-t-il pas bien à lui-même. On le comprit ainsi, et la nouvelle de sa mort provoqua spontanément un élan de regrets universels, et les témoignages les moins suspects de respect, d'estime et d'affection pour le noble défunt furent adressés à Mgr Gendreau. Le gouverneur du Tonkin, M. de Lanessan, et l'amiral Fournier les exprimèrent les premiers; la cour annamite y mêla sa voix : « Veuillez, dit-elle par dépêche télégraphique, agréer expression des plus vifs regrets et souhaits de bonheur adressés par tous les mandarins à feu Sa Grandeur Puginier, ayant habité le plus longtemps dans notre empire, et animé de vrai dévouement pour nos intérêts. »

Le vice-roi du Tonkin, alors absent de Hanoï, télégraphia :

« Je suis vraiment navré d'avoir appris la mort de Mgr Puginier, et d'autant plus, de n'avoir pu le voir avant ses derniers soupirs. Je vous prie d'agréer mes compliments de condoléance. »

Le résident supérieur de Hué, M. Brière, sut rendre hommage aux services rendus par l'évêque défunt.

« Pendant mon séjour au Tonkin, écrivit-il, j'ai pu apprécier le patriotisme éclairé et désintéressé qui dictait tous les actes de Mgr Puginier, et les sages avis qu'il adressait aux représentants du pouvoir m'ont été d'un secours précieux dans plus d'une circonstance.

« La mort de Mgr Puginier est une perte cruelle pour l'Eglise, mais aussi et surtout pour la France et pour le Tonkin, dont l'illustre évêque avait si largement contribué à faire une terre française. »

Les funérailles eurent lieu à Hanoï le 28 avril, et la solennité de la cérémonie attesta moins encore peut-être que les larmes de la foule immense, accourue de toutes parts, combien l'évêque était aimé. Toutes les autorités civiles et militaires, tous les Français se firent un devoir et un honneur d'y assister, aussi bien que les dominicains Vicaires apostoliques et les prêtres indigènes. Pendant la messe, un incident, léger en lui-même vint aviver l'émotion : à l'élévation, une colombe qui, depuis quelque temps, avait cherché asile dans la cathédrale, se prit à voltiger sous la voûte, au-dessus du catafalque. On eût dit que l'âme de l'évêque venait saluer l'immense assistance, la remercier de l'honneur qu'elle rendait à sa mémoire, essayer une dernière fois de lui rappeler les principes de foi et de patriotisme, qui l'avaient guidé pendant sa vie sur la terre.

La cérémonie terminée, Mgr Gendreau monta en chaire, et d'une voix tremblante d'émotion, il redit, dans un langage d'une touchante simplicité, les vertus du défunt.

Au seuil de l'église, M. Chavassieux, résident supérieur de Hanoï, entouré de tous les assistants, prononça ces belles paroles :

« Messieurs,

« Il y a quelques mois à peine, le Gouverneur général portait la santé du plus ancien colon du Tonkin. Ce vœu, auquel s'associait le pays entier, ne devait pas être écouté.

« Le Tonkin a perdu son représentant le plus autorisé, la France, un serviteur d'un dévouement sans bornes.

« D'autres, plus autorisés, diront les vertus de Mgr Puginier, son grand courage civique aux jours d'épreuves. Ce que je dois affirmer ici, c'est le patriotisme convaincu dont toutes ses paroles étaient empreintes, comme tous ses actes. Ce que je puis dire personnellement, et avec moi, tous ceux qui l'ont approché, c'est l'amour qu'il professait pour notre Patrie, c'est aussi le bien profond qui l'attachait à ce pays auquel il avait voué son existence.

« Mêlé de près aux événements qui ont ouvert l'Extrême-Orient à l'influence civilisatrice de la France, il n'a jamais permis de soupçonner chez lui un moment de découragement, un symptôme de défaillance; jamais aucune autre préoccupation que celle du devoir, dans la plus large acception du mot.

« Aujourd'hui, c'est le Tonkin entier qui est représenté à ces funérailles. Si les fidèles Annamites pleurent leur vieil évêque, dont ils ont été, depuis près de trente ans, habitués à écouter la voix, tous les malheureux et les déshérités de ce pays, sans distinction de religion, savent qu'ils ont perdu leur bienfaiteur ; nous autres Français, nous portons dans notre cœur le deuil d'un homme de bien et d'un grand citoyen.

« Monseigneur,

« Vous avez été l'ouvrier de la première heure, le témoin courageux et le croyant obstiné des mauvais jours; vous avez assisté au développement progressif de notre pays d'adoption ; vous avez vu, avec les joies de votre cœur si français, le commencement de la réalisation de nos justes espérances et l'aurore des temps meilleurs qu'ont préparés tous les courages et toutes les bonnes volontés.

« Votre nom est dès aujourd'hui nôtre, il restera uni éternellement aux plus illustres noms dont le Tonkin s'honore et dont il révère la mémoire.

« Monseigneur,

« Dans ce dernier et court adieu, je dépose sur votre cercueil l'hommage ému et respectueux des Français du Tonkin. »

FIN

TABLE DES MATIÈRES

Pages

Vie de la Mère Marie-Marguerite des Anges (Van Valkenisen), religieuse carmélite et fondatrice du couvent d'Oirschot dans le Brabant hollandais. 1 beau vol. in-8°. . . 6 »

Visites à Jésus-Hostie, 2 beaux vol. in-32, avec joli encadrement, 3e édit. . . . 2 50

Entretiens avec Notre-Seigneur Jésus-Christ pour les jours de Communion à l'usage des Associés de la Communion réparatrice. 9e édition, 1 vol. in-32. . . . . 1 50

Courtes réflexions proposées aux chrétiens qui vivent dans le monde, traduites en grande partie d'un opuscule italien publié par le R. P. Sanvitali, de la Compagnie de Jésus. 1 volume in-32 . . . . 1 25

Neuvaines et Prières à Notre-Dame de Perpétuel-Secours. In-32. . . . . . 0 35

La Journée sainte et chrétienne proposée par le grand apôtre des Indes, saint François Xavier, de la Compagnie de Jésus, traduit de l'italien. In-32. . . . . 0 40

Abrégé des méditations du P. Fabius-Ambroise Spinola de la Compagnie de Jésus, traduit de l'italien et publié par l'auteur des « Avis spirituels ». 1 vol. in-18. . . . 3 25

De Bethléem au Tabernacle, ou comment Jésus nous aime. 1 vol. in-32. . 1 50

Jésus-Christ dans l'Eucharistie. 1 vol. in-32 . . . . 1 50

OUVRAGES DE Mgr DEMIMUID

Pierre le Vénérable, ou la Vie et l'influence monastique au XIIe siècle. In-8°. . . . 3 »

Perboyre (Le Bienheureux Jean-Gabriel), 1 vol. in-12 illustré. . . . . 1 »

Saint Vincent de Paul, panégyrique prononcé le 9 juillet 1891. In-8°. 0 50

OUVRAGES DE Mgr DUPANLOUP
ÉVÊQUE D'ORLÉANS

De l'Education. 3 vol. in-12. . . . 10 50
Tome Ier. De l'Education en général. — Tome II. De l'Autorité et du Respect dans l'éducation. — Tome III. Les Hommes d'éducation.

De la haute Education intellectuelle. 3 vol. in-8°, 22 fr. 50. — Le même, 3 volumes in-12 . . . . 10 50
Tome Ier. Les Humanités. — Tome II. L'Histoire, la Philosophie et les Sciences. — Tome III. Lettres aux Hommes du monde sur les études qui leur conviennent.

Les Hommes d'éducation. Tome III de l'éducation, 1 vol. in-8°. . . . . . . 5 »

Les Humanités. Tome Ier de la haute éducation, 1 vol. in-8°. 7 50

L'Histoire, la Philosophie, les Sciences. 1 beau vol. in-8°. 7 50

Du Dimanche. 1 vol. in-18. . . . 1 25

Le Catéchisme chrétien, ou un Exposé de la doctrine de Jésus-Christ, offert aux hommes du monde, suivi d'un sommaire de toute la doctrine du symbole par Bossuet. In-8°. . 2 50

Méthode générale de Catéchisme recueillie des ouvrages des Pères et des docteurs de l'Eglise et des catéchistes les plus célèbres depuis saint Augustin jusqu'à nos jours. 3 beaux vol. in-12. . . . . 9 »

La Chapelle Saint-Hyacinthe. Souvenirs des catéchismes de la Madeleine, par un ancien disciple de Mgr l'évêque d'Orléans, 1825-1835. —

Instructions, Homélies, Sermons, etc. 2 volumes in-18 . . . . 6 »

De la Souveraineté pontificale. 3e édition. 1 vol. in-12. . . . . 3 »

Avertissement à la jeunesse et aux pères de famille sur les attaques dirigées contre la Religion par quelques écrivains de nos jours. 6e édition. 1 vol. in-18. . . . 1 »

Conseils aux jeunes gens, sur l'étude de l'Histoire. In-12. . . . . 3 »

Le Mariage chrétien. 1 vol. in-16, en caractères elzéviriens, encadré de vignettes . 4 »

L'Enfant. 1 vol. in-16, en caractères elzéviriens, encadré de vignettes . . . . 4 »

La Femme studieuse. 1 vol. in-16, en caractères elzéviriens, encadré de vignettes. 4 »

Lettres sur l'éducation des filles et sur les études qui conviennent aux femmes dans le monde. 1 vol. in-12. . . . . 4 »

De la Dévotion au Très Saint-Sacrement. 1 vol. in-18 . . . . 0 80

Conférences aux femmes chrétiennes. 1 vol. in-12. . . . . 4 »

Lettres choisies. 2 vol. in-8°. . . . . 10 »

Entretiens sur la prédication populaire. 1 vol. in-8°. . . . . 5 »

Derniers jours de Mgr Dupanloup, avec une préface de Sa Gr. Mgr l'Archevêque d'Albi. 1 vol. in-16. . . . . 2 »

Mgr Dupanloup devant le Saint-Siège et l'Episcopat. Recueil des hommages rendus par le Souverain Pontife et les Evêques à sa personne et à sa mémoire; avec une introduction par M. l'abbé Chapon, vicaire de la cathédrale d'Orléans. 1 vol. in-12. . 4 »

Portrait de Mgr Dupanloup, fait en 1878 par M. Portier de Beaulieu, eau-forte sur papier de Chine ou papier de Hollande. . . . 2 »

Portrait de Mgr Dupanloup, par Tuerlinx. . . . . 2 »

Mgr Dupanloup et la liberté. Sa vraie doctrine, par l'abbé Chapon, Chanoine honoraire d'Orléans. 1 vol. in-12. . . . . 4 »

OUVRAGES DU R. P. FÉLIX, S. J.

Deux discours prononcés aux congrès de Malines 0 25

Economie sociale. . . . . 1 »

La Destinée. Première retraite de Notre-Dame . . . . 3 »

L'Eternité. Deuxième retraite de Notre-Dame . . . . 3 »

La Prévarication. Troisième retraite de Notre-Dame. . . . . 3 »

Le châtiment. Quatrième retraite de Notre-Dame . . . . 3 »

Les Passions. Cinquième retraite de Notre-Dame . . . . 3 »

Le Prodigue. Sixième retraite de Notre-Dame . . . . 3 »

La Confession, pourquoi on se confesse, pourquoi on ne se confesse pas. Septième retraite de Notre-Dame. . . . . . . 3 »

L'Article 7 devant la raison et le bon sens. In-8°. . . . . 3 »

— *Le même,* in-12 . . . . 1 »

Photographie du R. P. Félix . . 1 »

M. Renan et sa « Vie de Jésus ». In-8° . . . . 1 »

OUVRAGES DE Mgr FREPPEL

Œuvres polémiques. 8 vol. in-12. 24 »
Tome Ier. In-8° . . . . 6 »
En préparation le tome X . . . . . . 3 »

L'Instruction obligatoire . . . 0 25

OUVRAGES DU R. P. GRATRY

PRÊTRE DE L'ORATOIRE DE L'IMMACULÉE-CONCEPTION, PROFESSEUR DE THÉOLOGIE MORALE A LA SORBONNE ET MEMBRE DE L'ACADÉMIE FRANÇAISE

Etude sur la Sophistique. 1 volume in-8° . . . . 5 »

De la Connaissance de Dieu. 2 vol. in-12 . . . . 8 »

De la Connaissance de l'Ame. 2 vol. in-12 . . . . 7 50

Les Sophistes et la Critique. 1 vol. in-8° . . . . 6 »

Lettres sur la Religion. 1 volume in-8° . . . . 6 »

— *Le même*, 1 vol. in-12. . . . . 3 »

Les Sources. Nouvelle édition. 1 volume in-18 . . . . 2 50

Les Sources de la Régénération sociale. 1 vol. in-18 . . . . 1 50

La Philosophie du Credo. 1 volume in-8° . . . . 5 »

Petit Manuel de Critique. 1 volume in-8° 1 50

Souvenirs de ma Jeunesse. Œuvres posthumes, l'enfance, le collège, l'école polytechnique, Strasbourg et le sacerdoce. — 1 vol. in-18 . . . . 3 »

Méditations inédites. Œuvres posthumes. 1 vol. in-18 . . . . 4 »

Crise de la Foi, trois conférences philosophiques de Saint-Etienne-du-Mont, 1863. 1 vol. in-18 . . . . 1 50

La Morale et la loi de l'Histoire. 2 vol. in-8° . . . . 12 »

— *Le même*, 2 vol. in-12 . . . . 7 50

Commentaire sur l'Evangile selon saint Matthieu. Deuxième partie seule. (La première partie est épuisée.) 1 volume in-8° . . . . 4 »

Henri Perreyve, nouvelle édition, précédée d'une préface par S. E. le Cardinal PERRAUD, évêque d'Autun, membre de l'Académie française, et suivie d'une notice sur les derniers jours de M. l'abbé Perreyve, par M. l'abbé E. BERNARD, curé de Saint-Jacques-du Haut-Pas. 1 volume in-12 . . . . 3 »

Mois de Marie de l'Immaculée-Conception. Nouvelle édition. 1 v. in-18 . 2 50

La Logique, 2 vol. in-8° . . . . . . 12 »

— *Le même.* 2 vol. in-12. . . . . 7 50

Une Etude sur la Sophistique contemporaine, 1 vol. in-8° . . . . 5 »

OUVRAGES DU R. P. LOUIS DE GRENADE

Le Dévouement à Dieu. 1 vol. In-12 2 50

La Religion chrétienne. 1 vol. in-12 2 50

La Vertu, ses privilèges. In-12 . 2 50

Vie de Notre-Seigneur Jésus-Christ méditée. 1 vol. in-12. . . . . . 2 50

Mystère de la Rédemption. In-12. 2 50

Service de Dieu, ses motifs et sa pratique. 1 vol. in-12 . . . . 2 50

La Science des Saints. 6 vol. in-12.

OUVRAGES DU R. P. LAUNAY
(DES MISSIONS-ÉTRANGÈRES)

Histoire générale de la Société des Missions-Etrangères. 3 volumes in-8° 22 50

Les Cinquante-deux Serviteurs de Dieu. Français, Annamites, Chinois. 2 volumes in-8° . . . . , ... 6 »

Mgr Verrolles. 1 vol. in-8° . . . . 6 »

Les Missionnaires français en Corée. 1 vol. in-12 . . . . 1 50

OUVRAGES DE S. EM. LE CARDINAL MEIGNAN

Les Evangiles et la Critique au XIXe siècle. 1 vol. in-8° . . . . 5 »

Le Monde et l'Homme primitif selon la Bible. 1 vol. in-8° . . . . 5 »

Les Prières de la célébration du Mariage, avec instructions et conseils pratiques. 1 vol. in-16, en caractères elzéviriens, encadré de vignettes . . . . 4 »

Instructions et Conseils aux familles chrétiennes. — Le mariage. — Les enfants. — La famille. 1 vol. in-16, en caractères elzéviriens . . . . 3 »

OUVRAGES DE MGR MÉRIC

Les Elus se reconnaîtront au Ciel. 1 vol. in-12. Nouvelle édition . . . . 2 »

La Chute originelle et la responsabilité humaine. In-12 . . . . 2 »

L'Autre vie. 2 vol . . . . 6 »

Vie de M. Emery. 2 vol. in-12 . . . 6 »

— *Le même,* 2 vol. in-8° . . . . 12 »

Les Erreurs sociales des temps présents. 1 vol. in-12 . . . . 3 50

La Vie dans l'Esprit et dans la Matière. 1 vol. in-12 . . . . 3 50

OUVRAGES DU R. P. NOUET

Guide de l'âme en retraite. 3 volumes in-12 . . . . 8 »

Dévotion envers Notre-Seigneur Jésus-Christ. 3 vol. in-12 . . . . . . 8 »

Pratique de l'amour de Dieu. 1 volume in-12 . . . , ... 2 50

Le Chrétien à l'école du Tabernacle. In-12 . . . . 3 »

Retraite spirituelle de dix jours. In-12 . . . . 2 50

Introduction à la vie d'oraison. In-12 . . . . 3 »

OUVRAGES

DE S. EM. LE CARDINAL PERRAUD

ÉVÊQUE D'AUTUN, MEMBRE DE L'ACADÉMIE FRANÇAISE

Œuvres pastorales et oratoires. 4 v. in-8°. . . . . 24 »

L'Oratoire de France aux XVIIe et XIXe siècles. 1 vol. in-12 . . . . 3 50

Les Paroles de l'heure présente (1870-71). 1 vol. in-12. . . , . . 3 50

A propos de la mort et des funérailles de M. Ernest Renan. Souvenirs et impressions. 2e édition précédée d'une lettre de S. S. Léon XIII, 1 vol. in-18. . . . 1 »

Le P. Gratry, ses derniers jours, son testament spirituel. 1 volume in-8° 1 50

OUVRAGES
DE M. L'ABBÉ CHARLES PERRAUD
CHANOINE HONORAIRE D'AUTUN

Méditations sur les sept paroles de N.-S. Jésus-Christ en Croix, 5e édition précédée d'une introduction et suivie d'un épilogue par S. E. le cardinal Perraud, évêque d'Autun, de l'Académie française, 1 volume in-18 . . . . 3 »

Paroles de N.-S. Jésus-Christ, tirées des Saints Evangiles, in-32 (édition de luxe). 3 »

Le même ouvrage (édition ordinaire) . . . 2 »

La Libre-pensée et le Catholicisme. Conférences de Saint-Roch, année 1885, 1 vol. in-12 . . . . 3 »

Le Christianisme et le Progrès. Conférences de Saint-Ambroise, année 1881, 1 vol. in-12 . . . . 3 »

L'Abbé Charles Perraud, par Augustin Largent, prêtre de l'Oratoire, professeur d'Histoire ecclésiastique à la Faculté de Théologie de Paris, 1 vol. in-18 . . . . 2 »

Allocution prononcée au service funèbre célébré pour le repos de l'âme de l'Abbé Charles Perraud, dans l'église cathédrale d'Autun, le 24 février 1892, par l'Abbé Planus, Vicaire général, 1 vol. in-8° 0 50

La Mort et les funérailles de l'Abbé Ch. Perraud. In-8° . . . . 1 »

M. l'Abbé Ch. Perraud, sa vie et ses œuvres. Conférence faite en l'église de Saint-Ambroise, le 10 mars 1892, par l'abbé L. Lacroix, docteur ès lettres, aumônier au lycée Michelet. In-8° 1 25

Allocution prononcée au service célébré pour le premier anniversaire de la mort de l'Abbé Ch. Perraud, dans la chapelle des Frères hospitaliers de Saint-Jean-de-Dieu, le mercredi 18 janvier 1893, par M. l'abbé A. Munier. In-8° 1 »

OUVRAGES DE L'ABBÉ H. PERREYVE

CHANOINE HONORAIRE D'ORLÉANS, PROFESSEUR A LA SORBONNE

Lettres du R. P. Lacordaire à des jeunes gens, recueillies et publiées par l'abbé H. Perreyve, augmentées de lettres inédites et des approbations de NN. SS. les archevêques et évêques. 1 volume. in-12, 11e édition. . . . . 4 »

Méditations sur les saints Ordres (Œuvres posthumes). Suivies d'instructions pour la première communion, et de méditations sur quelques versets de l'évangile de St Jean. 1 vol. in-12 . . . . 3 50

La Journée des malades. Réflexions et prières pour le temps de la maladie, avec une introduction par le R. P. Pététot, supérieur de l'Oratoire de l'Immaculée-Conception. 1 vol. in-12, 9e édition revue et augmentée. 3 50

Biographies et Panégyriques. *Biographies :* Le R. P. Lacordaire. — Herman de Jouffroy. — Rosa Ferrucci. — Mgr Baudry. — *Panégyriques :* Saint Thomas d'Aquin. — Saint Louis. — Sainte Clotilde. — Jeanne d'Arc. 1 beau vol. in-12, 2e édition 3 50

Lettres de l'Abbé Henri Perreyve (1850-1865), 6e édition, augmentée de plusieurs lettres, avec une lettre de Mgr l'évêque d'Orléans et le portrait de l'Abbé Perreyve. 1 vol. in-18 jésus . . . . . . 4 »

Lettres de Henri Perreyve à un ami d'enfance (1847-1865). 1 vol. in-12, 6e édition. . . . . 4 »

Méditations sur le Chemin de la Croix, 11e édition. 1 vol. in-18 . . . 1 50

Pensées choisies, extraites de ses œuvres et précédées d'une introduction par Mgr PERRAUD, Evêque d'Autun, membre de l'Académie française. 1 vol. in-18 . . . . 1 50

Monseigneur Baudry, Evêque de Périgueux et de Sarlat. 1 vol. in-18 . . . . 0 40

Etudes historiques (Œuvres posthumes). Leçons et fragments du cours d'histoire ecclésiastique, 1 vol. in-18 . . . . 4 »

Sermons. Sermons inédits. — Une station à la Sorbonne. 1 vol. in-12. . . . . . . 4 »

OUVRAGES DU R. P. DE RAVIGNAN

Entretiens spirituels, recueillis par les Enfants de Marie (couvent du Sacré-Cœur de Paris, 1855), suivis d'un choix de ses pensées. 7e édition, 1 vol. in-18 anglais . . . 3 »

Suite des entretiens spirituels, recueillis par les Enfants de Marie, couvent du Sacré-Cœur, 1856 et 1857, suivis de quelques passages de sa correspondance. 2e édition, 1 volume, in-12 anglais . . . . 3 »

Souvenirs d'instruction et de retraite (1845-1856), 1 vol. in-18. 1 »

Souvenirs des conférences du Révérend Père de Ravignan, prononcées en 1842, pendant la station de l'Avent, à la métropole de Besançon. — Première partie, conférence des hommes. — Seconde partie, conférence des dames. Ouvrage approuvé par Son Eminence le cardinal Gousset, archevêque de Reims. 1 volume in-18 anglais. 2 50

Vie du R. P. Xavier de Ravignan, de la Compagnie de Jésus, par le R. P. A. de Ponlevoy, de la même Compagnie. 13e édition, 2 volumes in-12, avec portrait . . . 7 50

OUVRAGES

PUBLIÉS PAR

LES RR. PP. DE LA COMPAGNIE DE JÉSUS

Actes de la captivité et de la mort de cinq Pères de la Compagnie de Jesus, par le R. P. de Ponlevoy. 1 volume in-12, 17e édition . . . . 2 »

Alexis Clerc, Marin et Jésuite, par le R. P. Daniel. 1 vol. in-12. . . . . . . 4 »

Année du Sacré-Cœur de Jésus. Lectures, actes et méditations pour le premier vendredi de chaque mois, par le P. d'Hérouville, de la Société de Jésus. Nouvelle édition in-32 . . . . 1 »

Appel contre l'esprit du siècle, précédé d'un coup d'œil sur les principaux objets de l'enseignement, par le P. Marin de Boylesves. 2e édit., 1 vol 0 50

Composition oratoire (de la), principes et applications, par le P. Guérin, de la Compagnie de Jésus. 2 v. in-12 . . . . 5 »

Connaissance (de la) et de l'amour de Notre-Seigneur Jésus-Christ, par le P. J.-B. de Belingan, de la Compagnie de Jésus, in-32 . . . . 0 75

Considérations sur les principales actions du chrétien, par le P. Crasset, précédées du portrait de l'auteur et d'une notice sur sa vie et ses vertus, par un Père de la Compagniede Jésus. 1 vol. in-12 . . . . 1 50

Devoir du Chrétien dans les jours d'épreuve et de combats, par le R. P. Daniel, de la Compagnie de Jésus. In-18. . . . . . 0 80

Directeur spirituel des âmes dévotes et religieuses (le), par saint François de Sales, avec des Pensées et Prières sur l'Eucharistie, pour tous les jours de la semaine. Edition revue par le P. V., de la Compagnie de Jésus. 1 volume in-32 . . . . 1 »

Doctrine spirituelle de Bossuet, extraite de ses Œuvres, par un Père de la Compagnie de Jésus, avec indication des tomes et pages desŒuvres de Bossuet. 1 vol in-12. . 2 50

Etudes classiques (des) dans la société chrétienne, par le R. P. Daniel, de la Compagnie de Jésus. 1 beau vol. in-8° . . . . 5 »

Etudes de Théologie, de Philosophie et d'Histoire, publiées par les PP. Charles Daniel et Jean Gagarin, de la Compagnie de Jésus, avec la collaboration de plusieurs Pères de la même Compagnie. 1re série. 2 vol. in-8° 10 »

Excellence de la dévotion (de l') au Sacré-Cœur de Jésus, par le R. P. de Gallifet, de la Compagnie de Jésus; nouvelle édition, par un Père de la même Compagnie. 1 volume in-18. . . . . 3 »

Gloire de saint Joseph représentée dans ses principales grandeurs, avec des exercices de dévotion pour l'honorer et le servir, par le R. P. Jacquinot, de la Compagnie de Jésus. Nouvelle édition, par un Père de la même Compagnie. 1 vol. in-12. . 2 »

Histoire du Bienheureux Canisius, de la Compagnie de Jésus, apôtre de l'Allemagne, par J.-M.-S. d'Aurignac. in-12. 3 50

Instruction de la jeunesse (de l'), par le R. P. Jean Crasset, de la Compagnie de Jésus, suivi de la paraphrase de l'Oraison dominicale du même auteur, pour servir de préparation à la mort. 1 v. in-18. . . . . 0 60

Le Marquis de Montcalm, par le R. P. Martin. 1 vol in-8° . . . . 3 »

Manuel des congrégations de la bienheureuse Vierge Marie affiliées à la congrégation de Rome, dite *Prima-Primaria,* à l'usage des Enfants de Marie, par le P. François Vincent, de la Compagnie de Jésus . . . 2 »

Maladie et mort du R. P. de Ravignan, par le R. P. de Ponlevoy, de la Compagnie de Jésus, avec un portrait. 1 vol. in-8° . . . . 1 »

Maximes de saint Ignace, fondateur de la Compagnie de Jésus, avec les sentiments de saint François Xavier. Nouvelle édition, par un Père de la même Compagnie. 1 beau vol. in-18, édition de luxe. . . . . 3 »

— *Le même,* édition ordinaire. 1 volume in-18 . . . . 1 50

Méthode d'oraison, avec une nouvelle forme de méditations pour toutes sortes d'états, par le R. P. Jean Crasset, de la Compagnie de Jésus; nouvelle édition revue par un Père de la même Compagnie. 1 vol. in-12 . 0 80

Méthode pour converser avec Dieu, suivie du bon emploi du temps, par le R. P. Boutauld. 1 vol. in-32. . . . . 1 50

Mission de Cayenne et de la Guyane française, par le P. de Montézon. 1 vol.in-8°. 5 »

— *Le même.* 1 vol· in-12. . . . . 3 »

Mission de la Cochinchine et du Tonkin, avec gravure et carte géographique, par les RR. PP. de Montézon et Estève. 1 vol. in-8° . . . . 5 »

— *Le même*, in-12. . . . . 3 »

Notices historiques sur quelques membres de la Société des Pères du Sacré-Cœur et de la Compagnie de Jésus, pour faire suite à la vie du R. P. Varin, par le P. A. Guidée, de la même Compagnie. 2 vol. in-12. . . 5 »

Notice historique sur le R. P. François Renault, de la Compagnie de Jésus, mort le 8 décembre 1860, par le R. P. Ach. Guidée, de la même Compagnie. 1 volume in-12. 2 50

Notice historique sur le P. Leleu, de la Compagnie de Jésus, par le R. P. Ach. Guidée, de la même Compagnie. (*Extrait des Notices historiques des Pères du Sacré-Cœur*). 1 volume in-18 . . . . 0 30

Notice historique sur le Frère Firmlie Heigny, de la Compagnie de Jésus, par le R. P. A. Guidée (*Extrait des Notices historiques des Pères du S.-C.*) In-18. . . . 0 30

Paroles tirées de la sainte Ecriture, ouvrage posthume du R. P. Bouhours, de la Compagnie de Jésus; nouvelle édition, un vol. in-18 . . . . 0 40

Poésies françaises distribuées et annotées à l'usage de la classe de seconde, par le P. Arsène Cahours. Poétiques divers; poésies lyriques. In-12 . . . . 3 50

Protestante (une) convertie au Catholicisme par sa Bible et son livre de prières. 1 volume in-18 . . . . 3 »

Récréations dramatiques à l'usage des écoles, patronages, pensionnats, comprenant : le Tambour nocturne, le Dissipateur, le Jeune homme à l'épreuve, Herménégilde, les Sept dormants, par un Ami de la jeunesse. A. M. D. G. — Chaque pièce se vend séparément. . . 1 »

Sentences et élévations spirituelles. In-32 . . . . 0 80

Union avec Notre-Seigneur Jésus-Christ, par le R. P. Saint-Jure. 1 volume in-12 . . . . 2 50

Une Correspondance pendant l'Emigration (1792-1795). Lettres inédites de Louis-Joseph de Bourbon, prince de Condé, du duc de Berri et du duc d'Enghien, par le R. P. Sommervogel 1 25

Vallet (Marie-Emile), mort à Amiens le 27 décembre 1862, à l'Ecole libre de la Providence, tenue par les Pères de la Compagnie de Jésus. 1 vol. in-12 . . . . 1 »

Veille (la) **de l'éternité** ou un jour de retraite, par le R. P. Arthur Martin, de la Compagnie de Jésus. In-32 . . . . 0 80

Vie du R. P. Xavier de Ravignan, de la Compagnie de Jésus, par le P. A. de Ponlevoy, de la même Compagnie. 2 beaux vol. in-12. 13e édit., avec portrait. 7 50

Vie du Bienheureux Canisius, ou l'Apôtre de l'Allemagne au xve siècle; tableau de sa vie publique et de sa vie intime, tracé principalement d'après ses lettres et mémoires inédits, par le P. V. Alet, de la Compagnie de Jésus. 1 vol. in-12 . . . . 2 50

Vie du R. P. Joseph Varin, religieux de la Compagnie de Jésus, ancien supérieur général des Pères du Sacré-Cœur en Allemagne et des Pères de la Foi en France, par le P. Achille Guidée, de la même Compagnie. 2e édition, revue, corrigée et augmentée In-18 . . 2 50

Vie du P. Gauthier, de la Compagnie de Jésus, par le P. J. Noury, de la même Compagnie. 1 vol. in-12 . . . . 1 50

Vie du B. Alphonse Rodriguez, frère coadjuteur temporel de la Compagnie de Jésus, béatifié le 12 juin 1829, par Sa Sainteté Léon XII. Nouvelle édition. 1 vol. in-18 anglais . . 2 50

Vie de la Bienheureuse Marguerite-Marie, religieuse de la VisitationSainte-Marie, par le P. Croiset, de la Compagnie de Jésus; le Mémoire de la bienheureuse, le Décret de la béatification, avec une introduction par le P. Charles Daniel, de la même Compagnie. 1 vol. in-18 . . , ... 1 50

Vie du R. P. Robert Southwell, par le P. Alexis Possoz, de la Compagnie de Jésus. 1 vol. in-18 jésus . . . . 2 »

Vie chrétienne (la) au milieu du monde, ou Maximes de la sagesse divine, tirées des paroles de l'Ecriture sainte; par le P. Michel Boutault, de la Compagnie de Jésus. Nouvelle édition, par un Père de la même Compagnie. 1 volume in-18 . . . . 2 »

Vie de Notre-Dame, par saint François de Sales, tirée des œuvres du Bienheureux, par le R. P. Ch. Clair, de la Compagnie de Jésus. In-32 . . . . 2 »

Vive Jésus! Exercices spirituels pour les dix jours de la solitude, selon l'esprit du bienheureux François de Sales, tirés pour la plupart de ses écrits, et dressés à l'usage des Religieuses de la Visitation Sainte-Marie ; nouvelle édition, revue par un Père de la Compagnie de Jésus. 1 vol. in-18 . . . . 1 50

Vive Jésus! Méditations pour les solitudes annuelles, tirées de plusieurs petits mémoires trouvés écrits de la saincte main de nostre bienheureux Père François de Sales, dressées pour les sœurs du premier monastère de la Visitation d'Annecy, par saincte Jeanne-Françoise Frémiot de Chantal. Nouvelle édition, par un Père de la Compagnie de Jésus. Belle édition. . . 3 »

— *Le même,* petite édition 1 50

Histoire générale de la Société des Missions-Etrangères, par le R. P. Launay, de la même Société. 3 beaux volumes in-8°. Prix : 22 fr. 50.

Le remarquable ouvrage du R. P. Launay a été couronné par l'*Académie des sciences morales et politiques*, il a obtenu un prix **Audiffred** de la valeur de **2.000** francs. Nous extrayons du rapport fait à cette occasion par M. LEFEBVRE-PONTALIS les passages suivants :

« C'est une extention d'un tout autre genre et deux fois séculaire que fait connaître et fait valoir l'*Histoire générale de la Société des Missions-Etrangères*, par l'un de ses missionnaires, le Père Adrien Launay.

Il l'a publiée en trois volumes qui remontent aux origines de la Société fondée en France en 1658 et la suivent jusqu'à nos jours en comprenant une période d'environ deux cent cinquante ans. La commission du prix Audiffred est d'avis qu'un prix de deux mille francs est bien dû au travail qu'un tel ouvrage a coûté à l'auteur et dans lequel il a mis avec l'âme d'un apôtre les talents et les mérites de l'historien. Il y a employé dix années de sa vie pour dépouiller et analyser les archives du Séminaire des Missions-Etrangères, au nombre de plus de cent mille pièces, et pour faire les mêmes recherches dans les annales, bulletins, biographies et histoires se rapportant à l'évangélisation des contrées d'Orient à laquelle les Missions-Etrangères se sont vouées. Pour mettre en œuvre cette multitude de documents, il fallait autant de patience que de méthode et de clarté. L'auteur n'a cessé d'en faire preuve en y joignant l'art de la composition qui ne laisse nulle part languir l'intérêt des récits, et il évite ainsi l'écueil d'une uniformité qui n'est qu'apparente. Quoiqu'il s'agisse d'une Société qui est toujours restée dans le cadre de sa première institution avec le même but à atteindre et dans les mêmes contrées qu'à son origine, la milice d'élite qu'elle emploie la renouvelle et la rajeunit sans cesse par tous les prodiges de l'effort individuel en même temps qu'elle voit changer et se transformer peu à peu les contrées jusqu'à nos jours immobiles et immuables dans lesquelles son apostolat s'exerce. Dans chaque période historique que l'auteur fait traverser, combien y a-t-il à la fois de souvenirs à recueillir et d'encouragements à trouver, c'est une suite ininterrompue de faits historiques modestement et obscurément accomplis pour la gloire de Dieu et le bien des hommes et qui rendent intarissables les vertus du dévouement, de l'abnégation du sacrifice et du martyre. A ce point de vue, aucun ivre ne peut mieux faire détester l'égoïsme, ainsi que le désirait le fondateur du prix Audiffred.

Il n'y en a pas non plus qui puisse, suivant son même désir, mieux faire aimer la patrie. En effet, il apprend ainsi à connaître ceux de ses enfants qui, loin d'elle, lui font tant d'honneur, et c'est à bon droit que l'Histoire des Missions-Etrangères glorifie leur œuvre qui n'est pas seulement celle de la régénération chrétienne, mais aussi celle de la civilisation portée dans les régions les plus lointaines, avec la Croix et l'Evangile, en même temps qu'elle y propage avec le cœur des missionnaires français et la langue française qu'ils parlent, l'empreinte de la France et y fait rayonner sa bonne renommée. »

Les Cinquante-deux Serviteurs de Dieu : Français, Annamites, Chinois, mis à mort pour la foi en Extrême-Orient de 1815 à 1856, *dont la cause de béatification a été introduite en 1840, 1843, 1857,* par M. Adrien Launay, de la Société des Missions Etrangères. — 2 volumes in-8°, ornés de gravures. Prix : 6 fr.

Depuis son origine, en 1658, la Société des Missions-Etrangères compte de nombreux martyrs parmi ses membres, parmi les prêtres indigènes et les fidèles des Missions qu'elle dirige.

C'est seulement pendant le dix-neuvième siècle que le sang des évêques, des prêtres et des chrétiens a été répandu pour la gloire de notre sainte foi.

Les Souverains Pontifes, par plusieurs décrets, ont introduit leur cause de béatification, ce qui était permettre aux chrétiens de leur donner le titre de « Vénérables ».

Aujourd'hui, cette cause de béatification avance, et bientôt, nous pouvons l'espérer, nous aurons le droit de prier les vaillants martyrs placés sur les autels.

Dans ces circonstances, le séminaire des Missions-Etrangères a pensé avec juste raison que ces vénérables serviteurs de Dieu devaient être connus de tous, et il a confié cette tâche à M. Adrien Launay, dont nos lecteurs connaissent l'incontestable talent d'écrivain.

L'ouvrage qu'il vient de publier renferme la biographie de cinquante-deux martyrs : Français, Annamites, Chinois.

On trouve dans leur vie et dans leur mort d'admirables exemples d'héroïsme, d'éclatants témoignages de foi.

Le diocèse de Besançon y compte deux de ses prêtres, dont M. Launay a raconté la vie et reproduit les portraits fidèles. C'est d'abord le vénérable M. Gagelin, né à Montperreux en 1799. C'est le premier missionnaire qui, au dix-neuvième siècle, versa son sang pour Jésus dans le royaume annamite.

C'est ensuite le vénérable Marchand, qui endure, sans pousser un soupir, le supplice des cent plaies qui consiste à enlever avec des tenailles froides ou rougies au feu cent parties de chair.

Les martyrs annamites et chinois ne nous offrent pas un spectacle moins héroïque.

Ces récits ne sont pas le seul intérêt du volume. Tous nos lecteurs connaissent au moins de nom la *Salle des Martyrs*, cette chambre sainte qui renferme les reliques des martyrs de la Société des Missions-Etrangères, leurs portraits et les tableaux de leur supplice; M. Launay a eu l'heureuse idée de reproduire ces portraits et ces tableaux. Les dessins à la plume qui illustrent son ouvrage offrent les peintures annamites dont le réalisme nous a tant émus. Nous n'insisterons pas, persuadés que tous nos lecteurs voudront posséder ces deux beaux volumes.

Monseigneur Verrolles et la Mission de Mandchourie, par Adrien Launay, de la Société des Missions-Etrangères, 1 beau volume in-8° de 446 pages avec cartes et nombreuses illustrations. Prix : 6 fr.

L'auteur de ce volume s'est fait avantageusement connaître par la publication récente de la belle *Histoire générale de la Société des Missions Etrangères* en trois beaux volumes in-8° qui se vend à la même librairie, 22 fr. 50. En étudiant à part Mgr Verrolles, il a mis dans une plus vive lumière cette douce et sympathique physionomie qui restera une des plus attachantes figures de l'apostolat catholique au dix-neuvième siècle. Mgr Verrolles ne fut pas seulement un grand missionnaire qui évangélisa pendant plus de quarante ans les vastes territoires du Su-Tchuen et la Mandchourie, au milieu de périls et de difficultés sans nombre. Un voyage qu'il fit en Europe en 1846 et 1847 pour s'occuper des intérêts de sa mission le fit connaître à la cour des Tuileries aussi bien que dans la plupart des cathédrales de France comme un esprit cultivé et fin, un orateur entraînant et même comme un serviteur de Dieu honoré du don des miracles. Aussi peu de récits présentent un intérêt comparable à celui de la vie de Mgr Verrolles qui s'adresse à l'homme du monde désireux de connaître ces régions de la Mandchourie et de la Chine où viennent de se passer de si graves événements aussi bien qu'aux âmes pieuses qui cherchent avant tout des lectures édifiantes pour le cœur.

(Semaine religieuse d'Avignon.)

Les Missionnaires français en Corée, par A. Launay, de la Société des Missions-Etrangères, 1 volume in-12, 250 pages, gravures très nombreuses. Prix : 1 fr. 50.

Voici un nouvel ouvrage du R. P. Launay, des Missions-Etrangères, que nous sommes heureux de signaler et de recommander à tous nos lecteurs. C'est une rapide histoire de la mission de Corée, une page glorieuse de l'Histoire de l'Eglise au dix-neuvième siècle, une nomenclature saisissante de confesseurs de la Foi et de martyrs, que le Saint-Siège, nous l'espérons, ne tardera pas à couronner. L'intérêt du récit, la variété des gravures l'éloquence des sacrifices, tout concourt pour assurer à cet excellent livre le succès qu'il mérite. Nous souhaitons qu'il prenne place dans toutes les bibliothèques de collèges et de pensionnats, et que les directeurs d'établissements d'éducation l'offrent comme récompense à leurs élèves.

(Annales des Sacrés-Cœurs.)

OUVRAGES DU MÊME AUTEUR

Atlas des Missions de la Société des Missions-étrangères, 27 cartes in-folio, en 5 couleurs, avec 27 notices historiques et géographiques . . . . 15 »

Les Sauvages Ba-hnars (Cochinchine orientale), par l'abbé Dourisboure, 3e édition, augmentée du portrait et d'une notice biographique de l'auteur, par le R. P. Launay, in-12, prix : 2 fr.

Parmi les récits des missionnaires, l'un des plus émouvants, c'est le *Journal* de l'abbé Dourisboure, provicaire apostolique de la Cochinchine orientale. En 1850, à l'âge de vingt-cinq ans, il quitte la France, sa patrie et s'en va prêcher l'Evangile à une tribu barbare et même anthropophage. Là, pendant plus d'un quart de siècle, il connut toutes les fatigues et toutes les privations, tous les dangers et surtout les tristesses de la solitude et du délaissement. Sa vie fut un long martyre. Vingt fois, sans un secours surnaturel, il devait périr ; vingt fois aussi, il eût succombé au découragement si l'ardeur de sa confiance en Dieu ne lui eût pas rappelé que des grandes souffrances découlent les grandes bénédictions. Les *Souvenirs* qu'il nous a laissés et dont la troisième édition vient de paraître, nous montrent en lui un apôtre infatigable, se sacrifiant tout entier pour le salut des âmes, même sans entrevoir le moindre fruit de son abnégation et de son zèle. Il y a là des scènes d'une austère majesté ; on se sent en présence d'une âme forte que nulle tribulation n'a pu vaincre et nulle menace effrayer.

Ces pages si éloquentes dans leur simplicité, écrites pour ainsi dire avec ses sueurs et ses larmes, auront donc le double privilège d'émouvoir tout cœur chrétien et d'apporter quelques lumières nouvelles à tout homme d'étude. Voilà pour nous deux motifs suffisants de recommander cet ouvrage surtout pour les bibliothèques paroissiales.

(*Semaine religieuse de la Suisse.*)

La Mission du Su-tchuen, ou *Viede Mgr Pottier* par LéonideGuiot, 1 vol. in-8° de 522 pages. Prix broché : 4 fr.,

Nous lisons dans l'*Ami du Clergé :*

« Si vous aimez à vous édifier en compagnie de nos missionnaires, lisez le livre de L. Guiot, *La Mission du Su-tchuen au dix-huitième siècle, vie et apostolat de Mgr Pottier.*

« Mgr Pottier, originaire de la Touraine, parvint à pénétrer au fond du Su-tchuen où il resta sans interruption, de 1756 à 1792, date de sa mort. Il fut seul Européen à travailler dans ce pays pendant dix ans ; ce n'est qu'à partir de 1766 qu'il reçut des Missions-Etrangères de Paris une série de collaborateurs. Ces vies de missionnaires, plus on en lit, plus on veut en lire. — Une lettre du cardinal Ledochowski remercie et félicite l'auteur au nom du Pape. »

Monseigneur Galibert, Evêque d'Eno, Vicaire apostolique de la Cochinchine orientale, par l'abbé Teysseyre, 2e édition, 1 vol. in-12, 400 pages, avec gravures, Prix : 3 fr.

Je viens de lire ou plutôt de dévorer en quelques heures ces pages si émouvantes, car je ne connais pas de récit plus vraiment attachant que l'histoire de ces âmes d'apôtre qui sont de nos jours l'honneur de l'Eglise et de la France. Quelle admirable famille que celle au sein de laquelle l'évêque d'Eno prit naissance, qui sur onze enfants a donné quatre Anges au ciel, quatre Religieuses au couvent et deux fils aux Missions étrangères! Quel type de femme forte que cette mère, digne émule des Symphorose et des Félicité! Mais quel beau caractère surtout que celui de ce Marie-Louis en qui la vivacité du tempérament méridional se combine si bien avec toutes les énergies et toute l'onction de la grâce! Ecolier, lévite, missionnaire, il ne se laisse distancer par personne dans les voies de l'abnégation et du sacrifice. Evêque à trente-quatre ans, son zèle plus encore que le climat meurtrier de la Cochinchine le dévore en quelques années. Il vient enfin mourir à trente-huit ans sous les yeux de son admirable mère, n'ayant qu'une pensée, se dévouer pour son troupeau, un regret, celui de ne pas exhaler son dernier soupir au milieu de ses chers Annamites.

A l'intérêt qui s'attache à tout ce qui touche à l'histoire de l'apostolat catholique en général, la *Vie de Mgr Galibert* joint pour nous l'intérêt tout particulier qui s'attache à cette éternelle question de l'Annam dont on parle tous les jours, trop souvent sans la connaître suffisamment. Or, rien de plus intéressant que les renseignements que l'on rencontre dans cet ouvrage sur les origines de la question annamite; rien de plus navrant aussi que le récit de l'affreuse pérsécution qui ensanglanta la Cochinchine pendant ces dernières années. Particulièrement profitable aux jeunes élèves du sanctuaire chez lesquels il pourra allumer la flamme de l'apostolat, ce livre sera lu avec avantage dans les familles chrétiennes et par tous ceux qui, aux émotions fades ou malsaines que procure la lecture d'un roman, savent préférer les salutaires enseignements que l'on puise à contempler un grand cœur et un beau caractère au service de la plus noble des causes.

(Semaine religieuse d'Avignon.)

Robinet de Plas, officier de la Marine française, par l'abbé PROFILLET, ancien aumônier de la Flotte et et de l'Armée. 1 vol. in-12. Prix : 2 fr.

Un volume qui vient encore bien à son heure. Nous venons de le parcourir après avoir été témoin dans le Congrès tenu par des jeunes pour s'occuper des œuvres de la Jeunesse catholique, de ce que peut chez nos jeunes la volonté pour le bien.

La vie de Robinet de Plas vient confirmer bien des choses que nous avons entendu énumérer. Nous ne saurions trop recommander la lecture de cette vie si bien écrite, si bien dépeinte par M. l'abbé Profillet. Tous y trouveront, les jeunes gens surtout, de nobles pensées, des exemples plus nobles encore, plus réconfortants, plus consolateurs en face des faiblesses, des défaillances sur lesquelles on ne peut aujourd'hui que gémir.

Le brillant officier de Marine nous apparaît un non moins bon, un non moins véritable ami des malheureux. Son historien nous cite des traits vraiment admirables et nous devons l'en remercier, remercier la maison Téqui qui, depuis quelques temps, nous donne de ces publications vraiment sociales.

Avec quel intérêt on suit les diverses transformations qui se produisent dans l'âme du jeune omme appelé à devenir brillant officier d'abord, puis digne et saint religieux. Dans ce double état de vie, Robinet de Plas est un exemple, un modèle. Que sa vie soit connue, c'est notre vœu le plus sincère; elle sera, je le répète, une consolation, un encouragement.

Livre plein d'intérêt, il reste une œuvre sociale, une œuvre patriotique, puisqu'il est appelé à former de nouveaux Robinet de Plas pour la société et pour le pays.

Le Martyrologe de l'Eglise du Japon, 1549-1649, par l'abbé Profillet, ancien aumônier de la flotte et de l'armée. Tome I, in-18. Les saints et les bienheureux. Prix : 3 fr.

Le Japon est à la mode, mais il est une façon chrétienne d'occuper son esprit de cette jeune nation qui vient de se révéler si brillamment au point de vue matériel, c'est de se prénétrer des exploits spirituels des vaillants missionnaires qui, depuis trois siècles et demi ont évangélisé ces îles longtemps impénétrables. L'ouvrage de M. l'abbé Profillet, dont le premier volume vient de paraître, nous retrace cette glorieuse histoire, et l'auteur était mieux placé que beaucoup d'autres pour avoir des renseignements sur les glorieux martyrs. Le volume paru renferme des détails sur ceux de ces derniers qui ont reçu les honneurs de la canonisation et de la béatification. Inutile d'insister sur l'intérêt et l'actualité de ce remarquable ouvrage.

Le Catalogue complet sera envoyé **franco** *à toute personne qui en fera la demande à M. P. Téqui, libraire-éditeur, 29, rue de Tournon, Paris.*

Paris. — Imp. Téqui, 92, rue de Vaugirard.